MÉTHODE

THÉORIQUE ET PRATIQUE

DE

PLAIN-CHANT

CONTENANT

DE NOMBREUX EXERCICES GRADUÉS ET PROPRES A INSPIRER AUX ÉLÈVES LE GOUT DE LA MÉLODIE RELIGIEUSE,
UN TRAITÉ COMPLET DE PSALMODIE ET DE DIVERSES FORMULES DE CHANT RÉCITATIF; PRÉCÉDÉE D'UNE NOTICE SUR LE CHANT
GRÉGORIEN, L'ANCIEN PLAIN-CHANT ET LE MODERNE;

DÉDIÉE A SA GRANDEUR

MONSEIGNEUR DE MARGUERYE,

ÉVÊQUE D'AUTUN, CHALON ET MACON;

ADOPTÉE POUR LES ÉLÈVES DE SON GRAND-SÉMINAIRE ET CEUX DE SA MAITRISE :

PAR CH. A. ROYER,

Instituteur et ancien Chantre à la Cathédrale d'Autun.

CANTEMUS DOMINO. *Exode,* ch. 15.

A AUTUN
CHEZ CH.-A. ROYER, INSTITUTEUR.
1856.

PROPRIÉTÉ DE L'AUTEUR.

Tout exemplaire qui ne serait pas, comme ci-dessous, revêtu de la signature de l'auteur, sera réputé contrefait.

Par le même :

MÉTHODE GRADUÉE
ET GRAMMATICALE
POUR APPRENDRE PROMPTEMENT A LIRE;
DIVISÉE EN LXXII LEÇONS,

Sur les principes généraux et essentiels de la lecture; suivie de plusieurs *Historiettes morales*, etc.

SIX TABLEAUX
CONTENANT LES VINGT ET UNE PREMIÈRES LEÇONS DE CETTE MÉTHODE.

La première édition de cet ouvrage a paru en 1833. L'auteur y a suivi un plan de *graduation et de récapitulation jusqu'alors inconnu*, et tellement à la portée de la faible intelligence des enfants, que tous les chefs d'institution qui en font usage disent hautement que, parmi tous les autres opuscules de ce genre, il n'en existe aucun avec lequel on puisse faire faire d'aussi rapides progrès aux élèves.

Cette Méthode se soutient donc par l'évidence de sa supériorité; et c'est à ce titre que les éditions s'en succèdent sans interruption.

MÉTHODE GRADUÉE
POUR APPRENDRE A LIRE EN LATIN,
DIVISÉE EN XXII RÈGLES,

Suivie de Prières latines, des Psaumes des Vêpres et des Complies du dimanche.

Ce nouvel ouvrage, qui manquait à l'enseignement primaire, étant fait sur le plan de la Méthode de lecture française, offre les mêmes garanties de progrès, dans une étude où jusqu'alors maîtres et élèves ont marché sans guide.

LE PRIX DE CES DEUX MÉTHODES EST AINSI FIXÉ :

Celle de lecture française, grand in-12, cartonnée, 96 pages, le cent rond : 44 fr.
La douzaine, sans treizain, ... 6 fr.
Les six tableaux, en feuilles, ... 2 fr.
Celle de lecture latine, grand in-18, brochée, 36 pages, le cent rond : 22 fr.
La douzaine, sans treizain, ... 3 fr.

S'adresser à *M. ROYER, instituteur à Autun (Saône-et-Loire).*

Autun, imprimeries DEJUSSIEU et L. VILLEDEY.

NOTICE
SUR LE CHANT GRÉGORIEN

L'ANCIEN PLAIN-CHANT ET LE MODERNE.

Dès l'origine du christianisme, les fidèles se sont assemblés pour louer Dieu, par le chant des psaumes et des cantiques, et la lecture de fragments de l'Ecriture sainte. Mais ce chant a été arbitraire, c'est-à-dire, sans règle ni méthode, et variant d'une église à l'autre, jusqu'à ce que saint Grégoire, pape, en eût composé un qu'il enjoignit de suivre dans toute la chrétienté, sur la fin du sixième siècle, ou au commencement du septième.

Ce chant, que l'on nomme *Grégorien*, du nom de son auteur, et le plain-chant, prétendu *Romain*, d'une liturgie romaine récemment publiée à Paris, ont fait naître une polémique dont l'issue a été de conclure que le premier a disparu, parce que, dit-on, il n'en reste aucun vestige, et que l'épithète du second n'est qu'une invention de spéculateurs.

Ajoutons cependant à tout ce qui a été dit sur ce dernier, que c'est par abréviation seulement, qu'après l'adoption de la liturgie parisienne dans la plupart des diocèses de France, on désigna sous le nom de *chant parisien* cette liturgie de Paris, et la romaine, sous celui de *chant romain*. Ainsi, il a été facile de prouver qu'il n'a jamais existé, pas plus en France qu'en Italie et qu'à Rome même, aucun plain-chant que l'on pût appeler *romain* : d'abord, parce qu'en France, dans les diocèses où la liturgie romaine était suivie telle quelle, le plain-chant différait beaucoup en modulations, et dans les médiantes et les finales des tons de psaumes, quoique étant partout le même, quant aux principes; ensuite, c'est qu'il n'a jamais été en usage ni en Italie, ni à Rome, où tous les offices ne se chantent qu'en musique.

Avant de démontrer que le chant grégorien, loin d'avoir disparu, comme on le prétend, n'a jamais cessé d'embrasser la plus grande partie des offices, presque de la même manière qu'il y était uniquement employé autrefois, il faut commencer par le définir, d'après l'exiguité des ressources musicales connues à l'époque de son invention.

Dans l'antiquité, ce que l'on nommait chant n'était qu'une espèce de récitatif ne s'éloignant du *recto tono* que pour indiquer la division et la fin de chaque phrase. Cette formule, usitée en poésie seulement, devint dans le christianisme celle des psaumes et des cantiques, qui au commencement composaient seuls tous les offices, excepté la messe.

Existait-il des méthodes sur les règles de ce chant avant l'invention du grégorien? On l'ignore, mais on peut croire qu'il en fut ainsi pour ce dernier; car l'histoire nous apprend que Charlemagne fit venir des chantres de Rome, afin de former des élèves qui pussent dans la suite en former d'autres. A cette époque, on voit des écoles établies par ce grand prince, où l'on enseignait la lecture, l'écriture, l'arithmétique, la grammaire et le chant. Mais avec des élèves dont l'oreille n'avait été formée qu'au son monotone des cornemuses ou rustiques ou guerrières, les chantres venus de Rome n'obtenaient que de faibles succès. Ils s'en plaignirent même à Charlemagne, en lui disant que tous leurs élèves avaient la voix fausse.

Cependant, le grégorien ne pouvait être que très simple et de peu d'étendue, puisque, comme on le verra plus tard, il ne se composait que de six notes formant quatre tons et un demi-ton, c'est-à-dire, une *sixte*. Ce n'était également qu'un récitatif à diverses formules, selon les différentes parties du texte, et dont la plus compliquée était les tons de psaumes. Il est évident que de nombreuses variantes ont été ajoutées à ces tons, au fur et à mesure que l'art musical s'est développé. Ainsi, la science du chant consistait uniquement dans la connaissance de toutes ces formules, que leur peu de difficultés permettaient d'apprendre aussi bien de routine que par principes; de sorte que la plupart devinrent dans la suite plus populaires qu'elles ne le sont aujourd'hui. Premier motif qui a dû les conserver, si la répulsion constante du clergé pour toute atteinte à ses usages n'en était un second plus puissant encore. Mais la preuve la plus palpable que ces formules sont, pour ainsi dire, aujourd'hui ce qu'elles étaient, existe dans tous les offices, dont le chant se divise *en récitatif et en modulé*. Celui-là y est usité dans la plus grande partie, sans en excepter la messe du rit simple; celui-ci ne l'est que dans la moindre. Le modulé n'est donc au récitatif qu'une adjonction nécessitée par les progrès que fit la science musicale, quatre ou cinq siècles après l'invention de ce dernier.

Ainsi, les huit tons des psaumes, les formules récitatives des oraisons, des épîtres, des leçons, des évangiles, du *Credo* des semi-doubles, des préfaces, du *Pater*, le ton férial des *Kyrie*, du *Gloria in excelsis*, du *Sanctus*, de l'*Agnus*, des hymnes, etc., sont autant de preuves que le chant grégorien n'a nullement disparu, comme on le prétend. Mais ce qui doit lever toute espèce de doute à cet égard, c'est que dans tous les livres liturgiques, tant anciens que modernes, imprimés ou manuscrits, ces formules y sont à peu près les mêmes. Elles ne se fussent jamais ainsi répandues et maintenues, depuis un temps immémorial, si elles n'eussent été inventées que pour une église ou même pour un diocèse. Il a donc fallu qu'elles aient été imposées obligatoirement à toute la chrétienté, par une autorité supérieure quelconque. Mais à quelle époque et par qui? Qu'on le démontre clairement, si l'on croit y voir autre chose que le chant grégorien.

On opposera peut-être les pompeux éloges que font de ce chant les vieux chroniqueurs, à la simplicité et à la monotonie des formules précitées, afin d'en conclure que nous sommes dans l'erreur. Nous répondrons que ces éloges ne prouvent rien, si ce n'est qu'à des époques où la musique n'était qu'au berceau, les moindres choses dans ce genre excitaient l'enthousiasme. Enfin, supposer qu'un chant plus mélodieux que de nos jours ait précédé l'extension que prit la science musicale, c'est admettre qu'il puisse y avoir des effets sans cause.

Avant de parler du commencement des progrès de la musique et des phases par lesquelles le plain-chant actuel a passé pour devenir ce qu'il est, nous jugeons nécessaire de donner quelques détails sur ce *tétracorde* ou lyre à quatre cordes, dont l'emploi était, dit-on, si merveilleux avec le chant Grégorien. — La lyre antique n'avait point de touche, par conséquent on n'en tirait que quatre notes, ou l'accord parfait, s'il était connu des anciens, ce qui ne paraît guère vraisemblable. Dans les masses de voix dont se composaient les chœurs à ces époques, si le *pizzicato* des cordes d'un tel instrument faisait naître l'admiration, de nos jours, il n'exciterait certainement que l'hilarité; car, en supposant même, dans un chœur, autant de lyres que de chantres, par le manque inévitable de mesure, l'espèce de carillon qu'elles produisaient devait être un peu moins harmonique que burlesque.

Voilà un échantillon des futilités que l'on préconise maintenant comme ayant été quelque chose d'admirable, et cela, parce qu'elles n'existent plus, qu'on ne les a jamais connues, et que l'on ne réfléchit pas aux résultats de la comparaison qu'il serait facile d'en faire, avec les améliorations incontestables dont nous sommes redevables au temps et aux progrès de la science.

En général, le chant religieux actuel, par sa gravité et la sublimité de sa mélodie qui n'a rien de profane, est en parfaite harmonie avec la majesté des divins offices. Il plaît toujours, parce qu'il parle plus au cœur qu'à l'esprit; et les sensations ineffables qu'il fait éprouver excitent au recueillement. En deux mots : le récitatif est au modulé ce que les ombres sont à un tableau, c'est-à-dire que la transition alternative de l'un à l'autre produit un admirable effet.

Que l'on ne croie pas cependant que ce degré de perfection ait été atteint dans quelques années : il a fallu des siècles pour y parvenir, comme on peut le voir, en considérant ce qu'était la science musicale à l'époque du chant Grégorien. Cette science, si on peut l'appeler ainsi, consistait donc seulement en six notes, que l'on distinguait les unes des autres par six lettres placées sur un certain nombre de lignes superposées horizontalement. De là nous sont venus les tons en *a*, en *b*, etc.

L'enseignement du chant, selon ce qui a été dit plus haut, remonte à une date fort éloignée, et se faisait dès-lors aussi méthodiquement que possible; mais ces noms de lettres donnés aux notes se prêtaient mal au développement de la voix, pour former des élèves aux intonations, d'abord par les notes seulement. Cependant, ce ne fut qu'en 1022 que Guy d'Arezzo ou d'Arétin imagina de les nommer *ut, re, mi, fa, sol, la ;* ayant trouvé cette dénomination au commencement des vers de la première strophe de l'hymne de saint Jean-Baptiste, selon le Bréviaire romain.

Plus tard, Henri Lemaire, ce nom est français, ajouta à la musique, non distinguée alors du chant religieux, une septième note formant un ton plein au-dessus de *la*; et cette note fut d'abord nommée *sa*, de *Sancte Joannes*, dernier vers de la strophe précitée, et *za*, quand elle était abaissée d'un demi-ton par le *bémol*. Dans la suite, le nom *sa*, de sa consonnance avec *la*, fut changé en *si* ; mais celui de *za* s'est maintenu fort longtemps; car on le trouve encore dans des méthodes d'une date peu éloignée. De cette septième note à l'*octave*, le pas ne put tarder à se faire, et la musique, étant sortie de l'étreinte où elle avait toujours été, prit un essor jusqu'alors inconnu.

Si, durant quatre ou cinq siècles, les formules grégoriennes parurent supportables, parce qu'il n'y avait rien de mieux, les progrès incessants de la science musicale devaient infailliblement les rendre insuffisantes; et l'on vit bientôt que, pour en rompre la monotonie, il fallait y joindre un chant plus modulé. Cette amélioration prit alors un caractère national. Dans toute l'Italie, par exemple, et même à Rome, la mélodie religieuse, depuis cette époque, n'a pas suivi d'autres règles que celles de la musique ; de telle sorte que les offices s'y chantent constamment à plusieurs parties, avec un orchestre plus ou moins nombreux, selon les localités; et il est rare qu'une fête solennelle s'y célèbre, sans quelque nouvelle composition. Ainsi, notre plain-chant n'y a jamais été en usage, ni même connu. En France, le chant religieux est devenu plus modulé dans certaines parties des offices, les plus anciens livres, comme les modernes des diverses liturgies, font voir à l'évidence que sa mélodie n'a rien perdu de l'antique tonalité grégorienne, en ce qu'elle ne se compose que de thèmes sur les *huit* tons des psaumes.

Cependant, dès son origine, le plain-chant ne pouvait être tel qu'il est aujourd'hui. Dans la plupart des églises, les maîtres de chœurs l'arrangèrent à leur convenance et en pleine liberté. Leurs compositions dépourvues de mélodie sont beaucoup moins supportables encore par de fastidieuses traînées de notes, même sur des voyelles dont le son prolongé produit un effet qui n'est rien moins qu'agréable. Ce dernier défaut avait pris une telle extension que plusieurs conciles crurent devoir se prononcer contre. Mais, comme le nombre des notes d'une composition quelconque ne pouvait être fixé, les ordonnances de ces conciles n'eurent, pour ainsi dire, aucun résultat, à en juger par les plus anciennes liturgies qui soient parvenues jusqu'à nous.

A ces traînées de notes, auxquelles on a donné le nom de *neûmes*, se joint un autre défaut; celui des fusées de notes brèves, dans les *tierces*, *quartes*, etc., par degrés conjoints. On voit par là que les anciens compositeurs de plain-chant avaient quelque propension aux fioritures de la musique, sans s'occuper que, dans les chœurs nombreux, ces futilités nuisaient à l'ensemble de la mesure, et à cette gravité si essentielle au chant religieux.

Quant à la manière de le noter, il fut un temps que les notes montantes ou descendantes, par intervalles de *tierce*, de *quarte*, etc., sur une même syllabe, étaient placées perpendiculairement les unes sur les autres, au lieu de l'être en gradin.

Aux quatre lignes admises, la routine défendait d'en ajouter de supplémentaires, quelle qu'en fût la nécessité; on leur préférait le changement de clefs, répété souvent plusieurs fois dans la même pièce, véritable difficulté que l'on ne franchissait qu'avec la plus grande attention et qui était un écueil pour plusieurs.

Le nombre des clefs était de sept : quatre d'*ut* et trois de *fa* ; aujourd'hui, il est encore de quatre : une de *fa*, et trois d'*ut*. Cette troisième d'*ut* est si peu en usage, et la transposition sur la première en est si simple que l'on ferait bien de la supprimer; ce serait une difficulté de moins.

La valeur relative des notes a toujours été ce qu'elle est aujourd'hui; mais une *carrée à queue* ou une *simple carrée* suivie d'une *brève* s'employaient indistinctement.

Comme tout ce qui est susceptible de perfectionnement, il était nécessaire que le chant modulé fût libre de toute étreinte, et que chacun pût y travailler à sa guise; car, parmi tant de productions, il s'en trouvait çà et là quelques-unes que l'on se communiquait, non qu'elles fussent des chefs-d'œuvre; mais valant mieux que tout ce qui existait, en passant d'église en église, elles développaient peu à peu le goût, et amenaient graduellement à une suite d'améliorations.

Si, dès le siècle où l'on connut la nécessité d'adjoindre au grégorien un chant plus modulé, on eût adopté un plan général pour celui-ci, ce plan se fût non-seulement senti de la barbarie de son époque, mais on n'eût jamais vu paraître ces admirables productions auxquelles les offices doivent la plus grande partie de leur splendeur.

Après l'invention de l'imprimerie, les premières éditions liturgiques répandirent tout ce qu'il y avait de mieux; et furent, ainsi que cela devait être, un stimulant pour que d'autres parussent ensuite avec de nouvelles améliorations.

Mais au dix-septième siècle, ou plutôt à M. l'abbé Lebeuf, appartient le mérite d'avoir donné à la mélodie religieuse le caractère qui lui convient, et de l'avoir élevée, par l'excellence de sa méthode, à un degré de perfection inconnu jusqu'alors. Quoique cet habile homme n'ait pas entièrement composé le chant de la liturgie parisienne, et qu'il ait dû prendre dans les autres ce qui lui convenait, il en a fait disparaître les défectuosités, en soumettant le tout aux règles qu'il s'était faites. En deux mots : ce qu'il en a composé est très beau, et ce que l'on peut y remarquer de médiocre est d'emprunt.

Dès son apparition, cette belle liturgie fut adoptée dans plusieurs diocèses, et ensuite dans presque toute la France, après la révolution de 1793. Mais il y a plus, c'est qu'elle a servi à la correction d'un grand nombre des liturgies du petit nombre des diocèses où elle ne fut pas admise. Depuis cette époque seulement, la mélodie religieuse a paru assise sur des règles convenables, et généralement approuvées. C'est alors que le nom de plain-chant lui a convenu; car elle ne le méritait pas auparavant, par ces fusées de notes brèves dont elle était chargée, et qui la défiguraient.

Honneur donc à la France qui s'est créé un chant si beau, si éminemment religieux, et qu'aucune nation ne peut lui revendiquer! Aussi, est-il aimé des Français comme un compatriote et un ami d'enfance. La musique, quelque harmonieuse qu'elle soit, devient insipide, lorsqu'on en a entendu plusieurs fois les mêmes compositions. Il faut qu'elle se reproduise chaque jour sous mille formes pour plaire un instant. Les douces sensations que notre plain-chant fait naître sont immuables comme les vérités qu'il exalte. Sa mélodie, ayant à chaque fête un caractère distinct, saisit et élève l'âme, pour ainsi dire, à la hauteur des grands mystères que l'on y célèbre. Après l'avoir entendue dans toutes les solennités dont elle fait la splendeur, on voit revenir avec une indicible joie les époques de l'entendre encore, afin d'en apprécier de plus en plus les beautés. Heureux quand de cette joie anticipée on n'éprouve aucune déception !

Cependant, quoique la précision avec laquelle le chant se fasse entendre dans les offices soit ce qu'il y a de plus édifiant pour les fidèles, dans la plupart des églises, surtout des campagnes, cette belle mélodie n'y cause que de l'hilarité et du dégoût. Il serait donc nécessaire d'établir une classe de chant, aux frais des Fabriques, dans chaque paroisse, et de donner des récompenses aux élèves qui s'y distingueraient autant par leur assiduité que par leurs progrès ; ce serait des fonds certainement bien employés, et par ce moyen se formeraient une multitude de chantres qui se rendraient partout utiles à la solennité des offices.

On objectera sans doute que beaucoup de tentatives semblables, ayant été faites, ont été abandonnées ensuite par le mauvais vouloir des élèves. Nous répondrons que l'obstacle n'est point là, mais dans la défectuosité des méthodes et des procédés que l'on emploie. Le plain-chant n'a rien de difficile pour des jeunes gens qui témoignent le désir de l'apprendre et qui ont la voix juste, si on sait les encourager par des leçons plus intéressantes qu'ennuyeuses. Mais lorsque, par une suite non interrompue d'exercices plus fastidieux que difficiles, on les fatigue sans rien leur offrir qui puisse délasser leur attention, le dégoût s'empare d'eux infailliblement ; et aucune des méthodes qui ont paru jusqu'alors n'aplanit cet obstacle. Ne contenant presque rien de ce que l'on voudrait y voir, quelques-unes se distinguent seulement par un vain étalage d'érudition ou de définitions tellement abstraites que, loin d'être utiles aux élèves, elles leur font, pour ainsi dire, considérer la mélodie religieuse comme une science hiéroglyphique au-dessus de leur intelligence. La théorie du chant n'est intelligible pour ceux à qui elle est démontrée que par l'application qu'ils en entendent faire et qu'ils répètent ensuite. Mais comme on ne peut leur apprendre à se diriger seuls qu'au moyen d'exercices bien gradués, une méthode est appréciable quand elle en contient une quantité suffisante, pour éviter aux maîtres l'ennui d'avoir recours à des livres liturgiques, où l'on n'en trouve à la portée des élèves peu avancés qu'avec beaucoup de recherches.

La publication d'une semblable Méthode nous a paru tellement nécessaire que nous nous sommes décidé à l'entreprendre, afin que l'étude du plain-chant fût aussi agréable et aussi prompte qu'elle était ennuyeuse et lente. Nous n'entrons dans aucun autre détail sur le plan que nous nous en sommes fait, parce que nous croyons en donner un suffisant aperçu, en signalant les défectuosités de celles qui ont paru jusqu'alors. Nous dirons cependant que rien n'a été négligé pour que cette nouvelle Méthode reçût un accueil favorable, principalement du clergé qui s'empresse toujours de témoigner de la bienveillance à ceux qui travaillent pour la gloire de Dieu et l'édification des fidèles.

Puisse cet ouvrage faire renaître le goût des chants sacrés qui semble près de s'éteindre chez les laïques. Puisse-t-il produire d'heureux fruits en aidant à former des élèves dont le concours est si utile à la solennité des divins offices. Ce serait une récompense bien satisfaisante pour l'auteur qui, durant trente-deux années, y a concouru lui-même dans l'une des plus célèbres cathédrales de France.

OBSERVATIONS
SUR LA MANIÈRE D'ENSEIGNER LE PLAIN-CHANT.

Pour donner des leçons de plain-chant, un des points essentiels c'est de pouvoir en faire toutes les intonations avec assurance ; avoir l'oreille et la voix d'une grande justesse, et cette dernière ni trop basse, ni trop haute, pour prendre autant que possible le diapason des élèves que l'on enseigne, et ne pas les faire chanter sur un ton qui les fatigue d'abord et ensuite leur cause du dégoût.

Comme il arrive souvent, avec des adultes à qui l'on donne leçon ensemble, que leurs voix ont chacune un diapason différent, il est à propos, dans ce cas, de leur faire prendre un ton moyen. Mais, malgré cette précaution, ceux qui ont des voix basses ne font qu'avec peine les notes du haut. Il faut alors les habituer à chanter *de tête* ; par ce moyen, on monte avec plus de facilité qu'en chantant de toute la force de ses poumons. Cependant, on ferait bien mieux de former plusieurs divisions, dont chacune se composât de voix à peu près semblables.

Avec les enfants, les précautions à prendre sont peut-être plus grandes encore. De six à sept ans jusqu'à quatorze ou quinze, leur diapason est généralement d'une octave au-dessus de celui des adultes ; mais ils perdent la faculté de s'y maintenir à mesure qu'ils parviennent à l'âge de puberté. C'est à cette époque surtout que la voix demande les plus grands ménagements, quoiqu'il soit toujours dangereux d'en abuser à un âge plus tendre. Pour diriger de tels élèves, on ne le peut qu'à l'aide d'un instrument avec lequel et par la transposition on leur fait prendre un ton parfaitement à leur portée. Si l'on ne sait user de ce moyen, il faut de toute nécessité attendre que leur voix ait complètement mué.

Les enfants qui ont l'oreille juste aiment beaucoup à entendre les instruments de musique, mais de préférence ceux dont le son a des rapports avec leur voix, et la mettent volontiers à leur unisson. Le moyen le plus efficace pour leur apprendre à chanter serait de les guider aussi avec un violon ou un alto, ou encore avec un petit orgue expressif. Ces instruments rendent des sons soutenus et fixes, que les enfants saisissent mieux que ceux d'une voix d'homme, dont le diapason est d'une octave au-dessous de la leur.

On habitue plus facilement les enfants que les adultes à chanter *de tête* ; il ne faut donc pas négliger de le faire, dès les premières leçons, en leur démontrant tout ce que les notes élevées ont de désagréable, quand elles sont rendues par des voix criardes.

Enfin, on doit surveiller avec soin tous les défauts que les enfants peuvent contracter en chantant, et les réprimer le plus tôt possible.

Le plain-chant n'a besoin d'aucun ornement de la part de ceux qui le chantent ; il ne veut que ce qui lui est propre : la gravité, une mesure égale dans les notes de même valeur, et un ton qui soit tellement à la portée de ceux qui le chantent, qu'il n'exige que le moins possible d'efforts pour les notes au-dessus de la 4ᵉ ligne ; car des sons pour ainsi dire étranglés, qui ne s'articulent qu'avec des peines inouïes, sont très fatigants, et pour ceux qui les expriment, et pour ceux qui les écoutent. Il est vrai que sans instrument on ne peut trouver que difficilement, tant pour soi-même que pour ceux que l'on dirige, le diapason de chaque genre de voix, et de fixer le ton moyen qui puisse le mieux convenir à tous. Pour aplanir cette difficulté, il faudrait que les professeurs de plain-chant fissent usage d'un petit instrument que l'on nomme aussi *diapason*. Cet instrument ne donne que la note *la*, que l'on doit considérer comme celle de la première clef d'*ut*. Avec ce régulateur, il devient facile de fixer le degré du ton dans lequel on veut chanter ou faire chanter, n'importe quelle pièce de chant. Que l'on en suppose du premier, du quatrième et du sixième ton, ce régulateur en donne la dominante. La trouve-t-on trop haute? on peut aisément la baisser d'un degré. Est-ce un deuxième ton en clef de *fa* ou en deuxième clef d'*ut*, ou bien encore un cinquième ton? la dominante peut s'en mettre également à l'unisson de ce régulateur, ou l'on procède comme pour les précédents, s'il est nécessaire. Celle du septième peut également être rangée dans cette catégorie. Quant au troisième et au huitième, comme ils ont la note *ut* pour dominante, on la chante d'une *tierce mineure* au-dessus du diapason. Mais si le huitième est transposé sur la deuxième clef d'*ut*, il faut en mettre la dominante à l'unisson des premiers.

Comme il vient d'être dit, on ne doit mettre une dominante à l'unisson du *diapason* qu'autant qu'on le trouve convenable. Mais avec son aide, on est sûr de prendre juste un degré ou plus haut ou plus bas, selon le genre de voix, et de ne pas donner dans des extrêmes qui mettent dans l'impossibilité ou d'arriver aux notes du bas, ou d'atteindre celles du haut : et c'est l'écueil où tombent très souvent ceux que le hasard seul dirige, quand ils entonnent une pièce de chant. Ce *diapason*, en fixant l'attention sur le degré de hauteur d'une note telle que le *la*, fait que, par la suite, elle se présente comme d'elle-même à l'idée, quand on veut entonner.

Outre les voix plus ou moins fausses, il y en a que l'on pourrait qualifier de *lâches*, parce que tout en se mettant d'abord à un unisson quelconque, elles ne peuvent s'y maintenir, ni seules, ni accompagnées; ne se soutenant pas, elles baissent sensiblement de note en note, de manière qu'elles terminent une pièce de chant un ton ou deux au-dessous de celui qu'elles avaient pris en la commençant. Une seule de ces voix est très nuisible dans un chœur où le chant n'est pas soutenu par un instrument quelconque : d'abord elle entraîne ses plus proches voisins; ceux-ci en entraînent d'autres, et ainsi de suite, de sorte que, dans le chant d'un psaume principalement, tout un chœur se trouve détoné sans s'en être aperçu. Mais ce qui est à remarquer, c'est que ces voix ne cessent de baisser que quand elles ne peuvent presque plus se faire entendre.

Avec des élèves ayant de telles voix, un professeur ne peut s'apercevoir de cette baisse qu'à la fin de chaque pièce de chant, à moins de consulter souvent un *diapason*. C'est peut-être l'unique moyen de faire naître dans ces élèves l'énergie qui leur manque, pour se maintenir dans le ton qui leur est donné, en leur faisant connaître évidemment de combien ils s'en sont éloignés par leur indolence.

L'utilité de cet instrument est suffisamment démontrée, pour que les maîtres, qui tiennent à faire de bons élèves, en adoptent l'usage.

Dans une méthode de plain-chant, il n'est pas hors de propos de parler des voix faussées. D'où dépend donc la fausseté de la voix? Est-ce défaut naturel de l'organe qui la produit? Est-ce l'ouïe qui ne peut lui faire articuler que des sons faux ou discordants; parce qu'elle est frappée d'insensibilité aux charmes de l'harmonie?

Il y a des personnes qui sont incapables de faire en chantant deux sons réguliers, et qui cependant aiment la musique, soit vocale, soit instrumentale. Il y en a d'autres pour lesquelles la plus belle harmonie n'est qu'un bruit confus, qui ne leur cause aucune sensation. Celles-ci sont donc encore plus disgraciées de la nature que les premières. On pourrait conclure que la fausseté de la voix est l'effet de l'une des deux causes dont il vient d'être parlé, et même des deux ensemble, chez quelques personnes.

Peut-on corriger une voix fausse, et la rendre juste? On peut y parvenir, avec des enfants au-dessous de dix ans; mais il faut de la persévérance, et les guider soit avec un violon, soit avec un orgue expressif; encore n'y réussit-on pas toujours. Quant aux adultes, on ne peut en ramener aucun. Ce que les professeurs ont de mieux à faire avec eux, c'est de leur dire sans détour, qu'en mêlant leur voix discordante avec celles qui n'ont pas ce défaut, ils deviendraient non-seulement un motif d'hilarité, mais encore la cause d'un désordre très nuisible à la solennité et à la gravité de l'office divin.

Cependant, on distingue dans les voix fausses des nuances vraiment incompréhensibles : il y en a qui sont tantôt justes, et tantôt fausses, qu'elles chantent seules ou accompagnées; d'autres qui chantant seules ne le font que d'une manière ridicule, et qui étant accompagnées d'une voix juste, la suivent assez bien. Comment s'expliquer de telles bizarreries?

Quant aux voix justes, il y en a qui ont beaucoup d'étendue, d'autres peu. Les unes ont un diapason très bas, les autres très élevé. Il y en a aussi qui tiennent plus ou moins le milieu entre ces dernières.

Le timbre de la voix varie beaucoup chez les hommes; il a plus de ressemblance chez les femmes. Quoi qu'il en soit, les belles voix ne sont pas communes; mais leur union au véritable goût du chant est encore plus rare.

Les tempéraments flegmatiques n'ont que peu ou point d'animation en chantant, et il est presque impossible de leur en faire prendre. Les tempéraments vifs tombent facilement dans l'excès contraire, en saccadant trop les notes; mais ce défaut est facile à réprimer, quand les professeurs l'attaquent dès le principe. En général, les personnes vives chantent beaucoup mieux que celles qui sont molles.

Pour obtenir des résultats aussi satisfaisants que possible, par l'emploi de cette nouvelle Méthode, il ne faut rien précipiter; c'est-à-dire, ne présenter aux élèves une autre difficulté, que quand on a l'assurance qu'ils peuvent franchir sans hésitation celle que l'on veut leur faire quitter.

Chaque difficulté nouvelle doit être chantée par le maître à ses élèves; ceux-ci la répètent avec lui, et ensuite seuls. Mais dans les *tierces, quartes*, etc., d'intervalles, quand les élèves ne peuvent en faire l'intonation, après qu'elle leur a été démontrée, il faut les habituer à la chercher eux-mêmes, en leur faisant ajouter toutes les notes intermédiaires.

Pour que la voix soit en pleine liberté, il faut être debout, avoir la tête droite, et la gorge libre de toute étreinte, ouvrir suffisamment la bouche sans grimacer, afin que les sons en sortent naturellement; avoir une prononciation pure, et soutenir chaque note sans efforts.

Ceux qui ont la voix aigre ou criarde, doivent faire en sorte de l'adoucir le plus possible.

La sévérité du plain-chant repousse toute fioriture ou cadence.

Telles sont à peu près les règles à suivre, pour donner ou recevoir des leçons de plain-chant. Mais jusqu'à ce que les élèves soient parvenus au degré où l'on peut s'apercevoir des fautes que l'on fait, il vaut beaucoup mieux qu'ils s'en tiennent aux leçons du maître que d'étudier seuls.

DU CHANT EN GÉNÉRAL.

La voix, lorsqu'elle n'est pas disgraciée de la nature, peut former une suite de sons réguliers, qu'elle élève ou abaisse par degrés, tantôt suivis, tantôt séparés par des intervalles plus ou moins grands ; et qui, par des modulations diversement combinées, font éprouver des sensations de joie, de tristesse, de piété, etc. Tel est le Chant.

DES LIGNES.

Afin de régulariser les modulations diverses dont la voix est susceptible, et d'en faire une science, on a d'abord imaginé un certain nombre de *lignes droites* et *horizontales*, également espacées.

Dans le plain-chant, le nombre de ces *lignes* est ordinairement de *quatre*, ainsi disposées.

ORDRE DES LIGNES.
$\begin{cases} 4 \\ 3 \\ 2 \\ 1 \end{cases}$
$\begin{cases} 3 \\ 2 \\ 1 \end{cases}$
ORDRE DES INTERLIGNES.

L'ordre des *lignes* et des *interlignes* commence par le bas.

Quatre lignes ainsi réunies se nomment *portée*.

A ces quatre lignes d'autres peuvent être ajoutées, soit au-dessous, soit au-dessus, quand il en est besoin, et ces lignes ajoutées se nomment *lignes supplémentaires*.

Ligne supplémentaire au-dessus. —————

Ligne supplémentaire au-dessous. —————

DES NOTES.

Sur les *lignes* et dans les *interlignes* qui forment une sorte d'échelle, se placent des signes ou figures qui, de bas en haut, comme de haut en bas, indiquent l'élévation ou la gravité des sons que la voix peut articuler. Ces signes ont le nom commun de *notes*.

DE LA FORME DES NOTES.

Les notes ont la forme :

1° . . . . d'un carré ■

2° . . . d'une losange ♦

3° . . d'un carré à queue ▙

4° . d'un double carré ■■

5° . . d'un carré pointé ■♦

DE LA VALEUR DES NOTES, ET DE LEUR DURÉE RELATIVE.

Les sons de la voix pouvant être prolongés et raccourcis, les diverses formes de *notes* ci-dessus indiquent une durée différente.

Cette durée étant facultative en général, doit être relative entre les notes qui diffèrent de forme : ainsi celle de la *losange*, que l'on nomme plus ordinairement *brève*, n'est que moitié de la *carrée*.

Celle de la *carrée à queue* équivaut à une *carrée et demie* quand elle est suivie d'une brève. Dans tous les autres cas, elle ne vaut qu'une *carrée* simple; parce que cette queue ne sert que de liaison pour la joindre à une autre note placée au-dessus ou au-dessous d'elle, comme on le verra dans la suite.

La *carrée double* équivaut à deux *carrées simples*.

La queue des *carrées doubles*, dans les *périélèses* ou *crochets*, n'augmente nullement leur valeur et ne sert que de liaison entre elles.

La *carrée pointée* a une valeur moindre que celle de la *carrée simple*; mais comme le *point* qui l'accompagne marque un repos ou pause obligatoire, il en sera parlé plus au long dans la suite.

DU NOMBRE DES NOTES, ET DE LEURS NOMS PROPRES.

Il y a *sept notes*, dont voici les noms par ordre ascendant :

UT [*], RÉ, MI, FA, SOL, LA, SI.

La place de ces *notes* sur les *lignes* et dans les *interlignes* n'est pas fixe, et dépend essentiellement d'un signe placé en tête de chaque portée, et que l'on nomme *clef*.

---

[*] Depuis quelques années, les Italiens ont changé le nom de cette note, et la nomment *do ;* parce que *ut*, qu'ils prononcent *out*, avait probablement pour eux un son trop sourd. Quoique ce nouveau nom se répande parmi les musiciens français, la sévérité du plain-chant doit repousser une semblable innovation; d'abord parce qu'elle est complètement inutile; ensuite, pour laisser intacte l'antique nomenclature des notes de la gamme, qui, sous bien des rapports, mérite d'être respectée.

DES CLEFS DU PLAIN-CHANT.

On ne compte que deux *clefs* dans le plain-chant, dont l'une prend le nom de la première note *ut*, et l'autre celui de la quatrième, *fa*, et se nomment par conséquent *clef d'ut*, et *clef de fa*.

Ces figures se nomment *clefs*, parce qu'elles ouvrent l'ordre dans lequel on doit retrouver chaque note, sur les lignes et dans les interlignes Mais la *clef d'ut* se place sur trois lignes différentes, comme on peut le voir par le tableau suivant

FIGURES DES CLEFS,
Et places qu'elles occupent sur les lignes.

Les clefs donnent leur nom à la note placée sur la ligne qui les traverse. Celle de *fa* est fixe sur la troisième. Mais la précédente, se plaçant sur la quatrième, la troisième et la deuxième, forme, sans contredit, trois clefs distinctes quoique portant le même nom, puisque toutes trois ont un ordre particulier de placement des notes. Pour abréger la manière de les désigner, nous nommerons :

1re⎫
2e ⎬ clef d'ut celle de la ⎧4e⎫
3e ⎭   ⎨3e⎬ ligne.
                              ⎩2e⎭

Il n'y a que la première clef *d'ut* sur laquelle on puisse placer les sept notes dans leur ordre naturel. Mais comme le chant aurait été beaucoup trop restreint, s'il n'eût eu d'autre étendue que celle que peuvent donner ces sept notes, on a reconnu la nécessité de les ajouter à elles-mêmes, selon le besoin, en recommençant par la première en montant, et par la dernière en descendant.

* On trouve dans plusieurs méthodes une quatrième clef *d'ut* placée sur la première ligne, et une deuxième clef de *fa* sur la quatrième. Comme elles sont inusitées, nous n'avons pas jugé nécessaire de les reproduire ici.

EXEMPLE.

ut, ré, mi, fa, sol, la, si, ut, ré, mi, fa, sol.

ut, si, la, sol, fa, mi, ré, ut, si, la. *

Les exercices pour apprendre les diverses intonations étant tous sur la première clef d'*ut*, les élèves doivent s'appliquer à bien connaître l'ordre des notes sur cette clef. Pour y parvenir promptement, il faut qu'ils remarquent d'abord celles qui sont sur les lignes.

EXERCICE
Pour apprendre à connaître les notes sur les lignes.

(Comme il ne s'agit ici que d'apprendre à connaître les notes, elles doivent être seulement nommées et non chantées. On procédera de la même manière dans les exercices semblables).

si, ré, fa, la, ut, mi, sol, mi, ut, la, fa, ré, si.

si, ré, fa, la,

ut,

mi, sol,

* Quoiqu'il y ait fort peu de pièces de chant qui montent au second *sol*, et qui descendent au second *la*, il est bon que les élèves s'habituent à connaître toutes les notes en dehors des portées.

EXERCICE

Pour apprendre à connaître les notes dans les interlignes, et à faire la récapitulation du précédent.

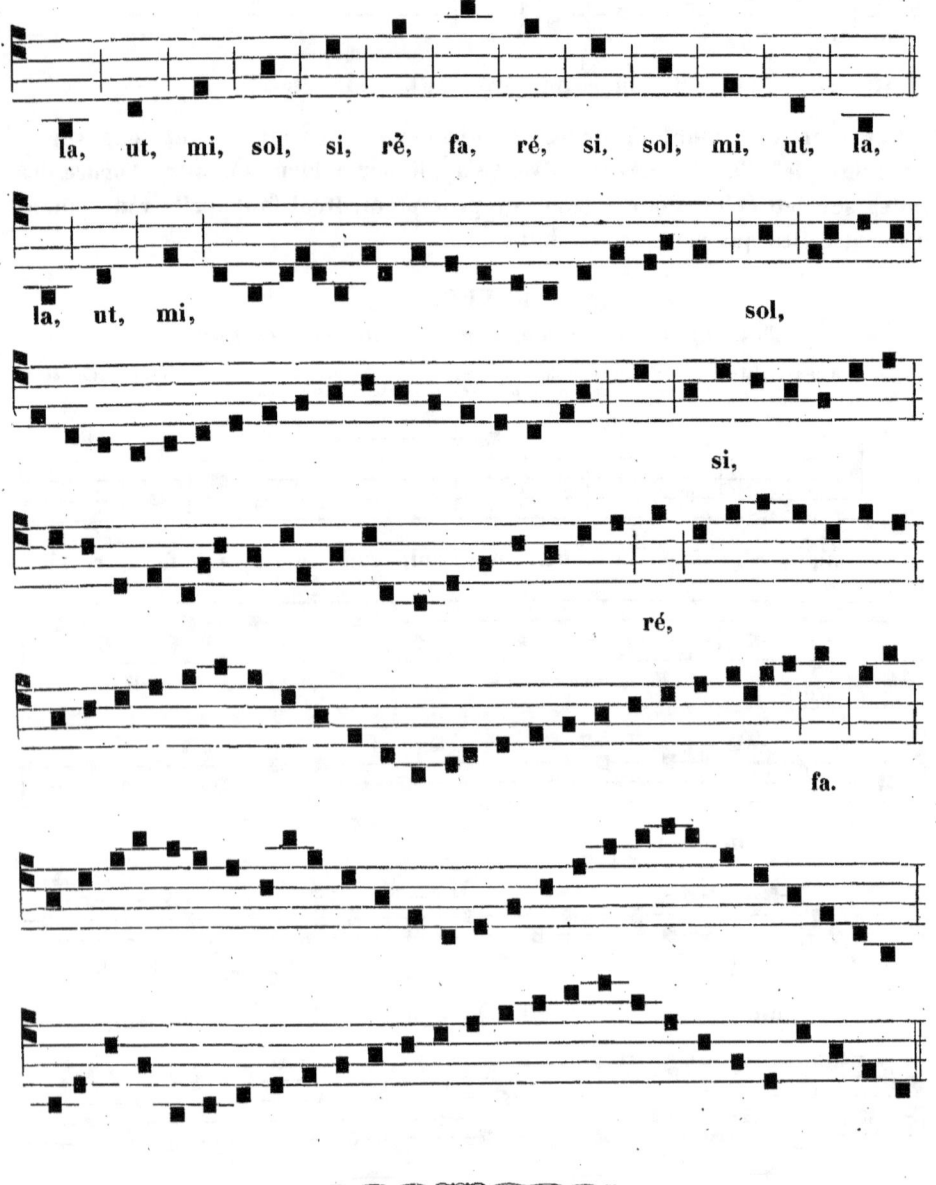

GAMME DIATONIQUE OU NATURELLE.

En ajoutant aux sept notes *ut, ré, mi, fa, sol, la, si* la répétition de la première *ut*, cette suite de *huit notes* se nomme *gamme diatonique*. Elle se chante en montant, dans l'ordre ci-dessus; et par l'inverse en descendant :

UT, SI, LA, SOL, FA, MI, RÉ, UT.

Ces notes sont séparées par un intervalle nommé *ton* ou *demi-ton*. *La gamme contient toujours cinq tons et deux demi-tons*. Les *demi-tons* se trouvent du *mi* au *fa*, et du *si* à l'*ut* : à moins que le *mi* et le *si* ne soient précédés du signe ♭, appelé *bémol*, dont il sera parlé plus tard.

Cette gamme doit être chantée gravement et avec mesure; c'est-à-dire, en tenant toutes les notes d'une égale longueur.

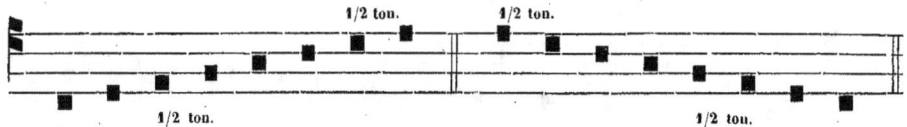

DIVISION DE LA GAMME.

La gamme se divise en *secondes, tierces, quartes, quintes, sixtes, septièmes* et *octaves*, en montant comme en descendant.

	Seconde . .	deux.	
	Tierce . .	trois.	
	Quarte . .	quatre.	notes qui se suivent
ON NOMME	Quinte . . conjointes. cinq.	dans l'ordre naturel
	Sixte . .	six.	de la gamme.
	Septième .	sept.	
	Octave . .	huit.	

Et l'on nomme *tierces, quartes*, etc., *d'intervalles*, celles qui ont lieu sans les notes intermédiaires.

On distingue deux sortes de *secondes* et de *tierces* : les *majeures* et les *mineures*. Dans les *majeures* il n'y a que des *tons pleins*; les *mineures* ont un *demi-ton*.

DE L'UNISSON.

L'unisson est d'abord l'effet de plusieurs personnes qui chantent ensemble dans un si parfait accord, que l'on n'en distingue pour ainsi dire qu'une; puis celui d'une note répétée plusieurs fois de suite sur la même ligne, ou dans le même interligne, sans hausser ni baisser la voix.

EXEMPLE DE NOTES A L'UNISSON.

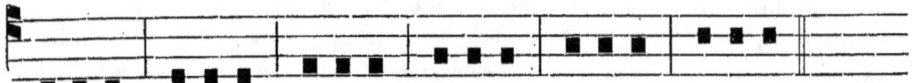

SECONDES.

EXERCICES.

Les petites barres placées entre chaque *seconde*, indiquent un petit repos.

TIERCES PAR DEGRÉS CONJOINTS.

EXERCICES.

Après chaque *tierce*, une pause moindre que celle indiquée par les petites barres.

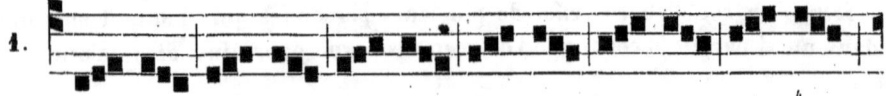

2.

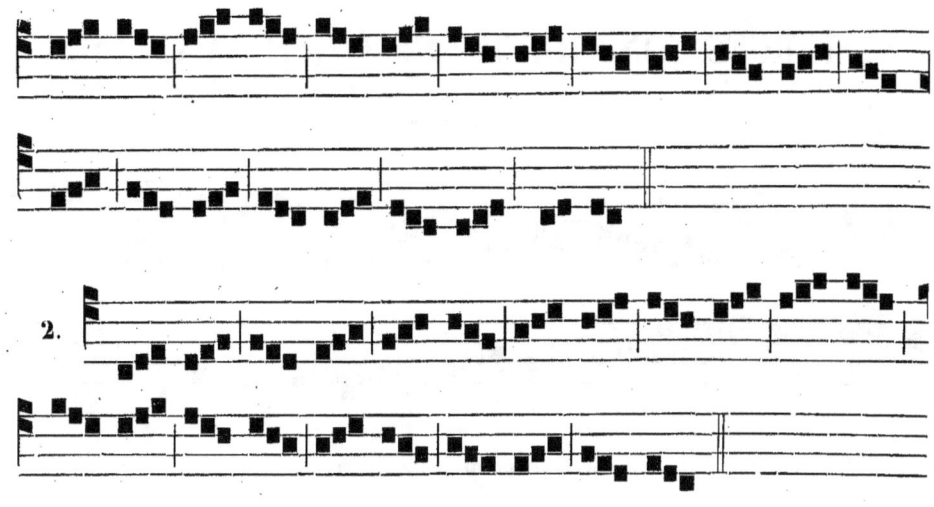

THÈMES

Sur les exercices précédents, et sur les notes de différentes valeurs.

1.

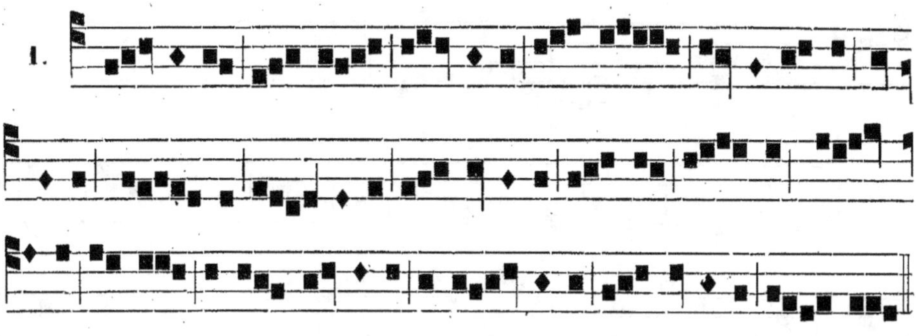

2.

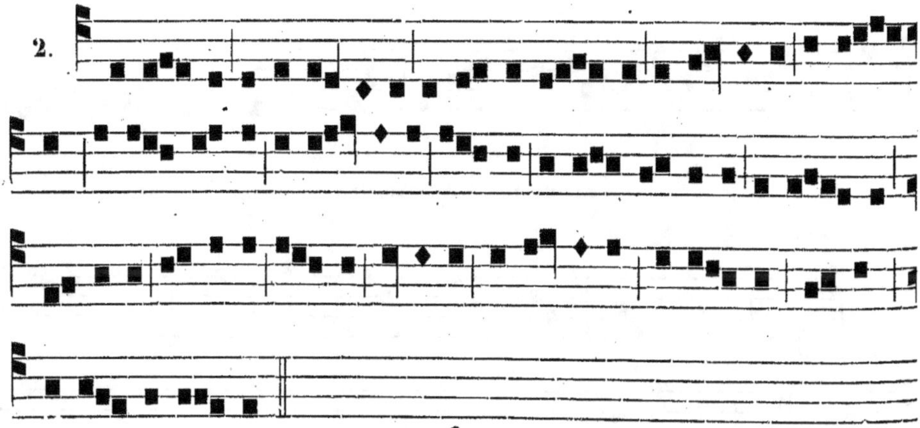

TIERCES CONJOINTES ET D'INTERVALLES.

EXERCICES.

RÉDUCTION DU PRÉCÉDENT.

RÉDUCTION DU PRÉCÉDENT.

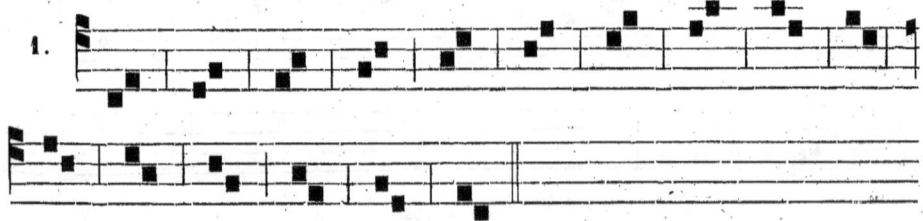

THÊMES.

Ces pièces de chant, comme toutes celles qui sont après les exercices de chaque division de la gamme, font la récapitulation des intonations qui leur sont antérieures, sans anticipation sur les suivantes.

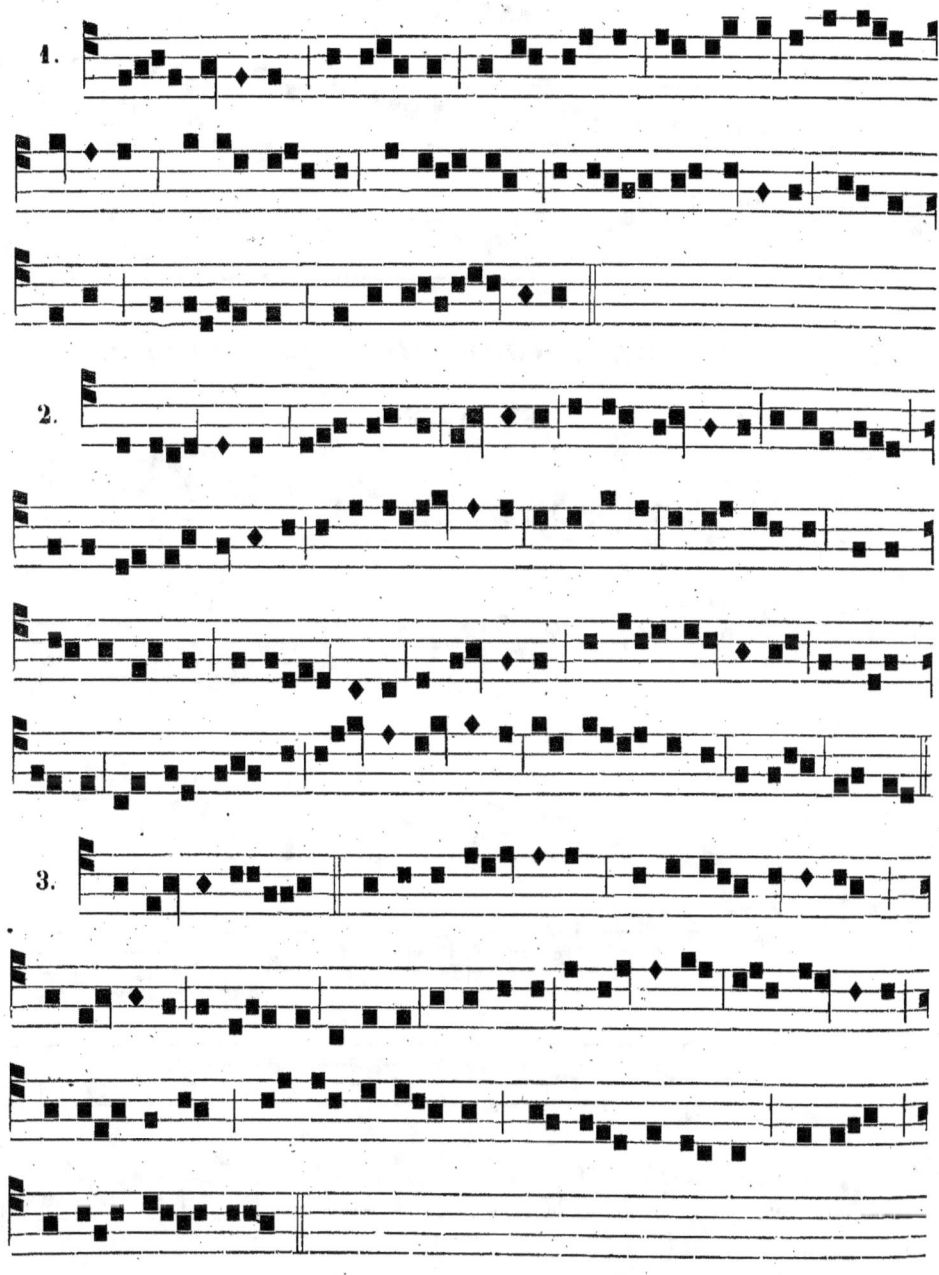

QUARTES.

Par degrés conjoints, séparées par des intervalles de tierce.

EXERCICE.

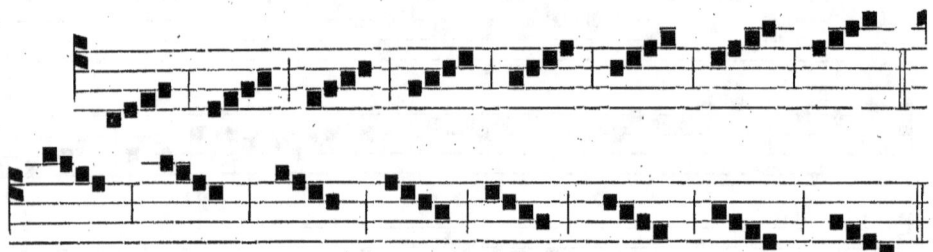

Quartes par degrés conjoints et par intervalles.

EXERCICES.

1.

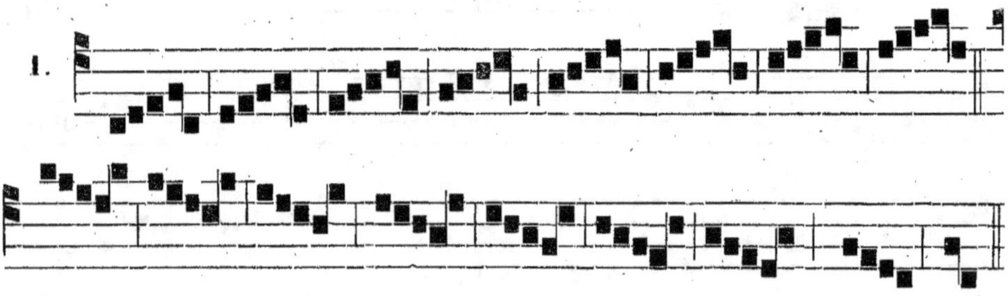

RÉDUCTION DU PRÉCÉDENT.

2.

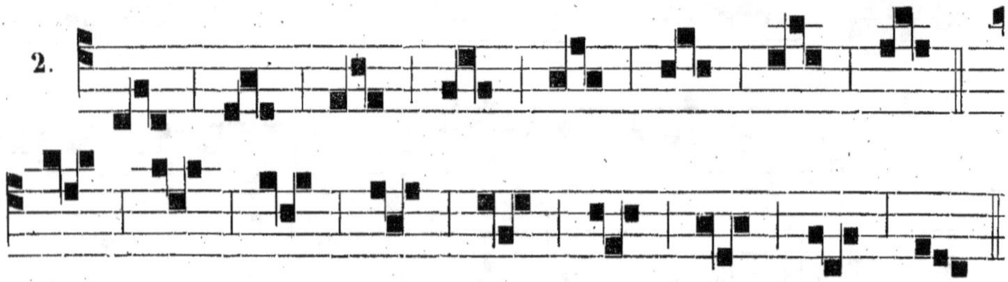

3.

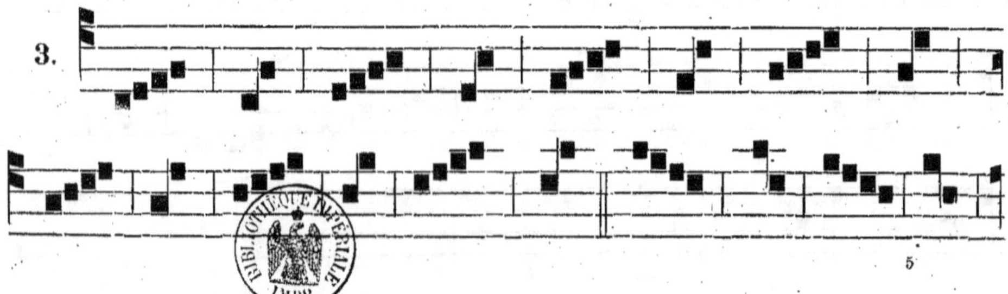

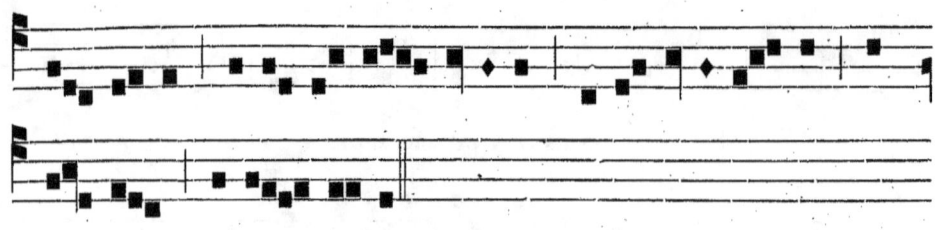

QUINTES.

Par degrés conjoints, séparées par des intervalles de quartes.

EXERCICE.

Quintes conjointes et d'intervalles.

EXERCICES.

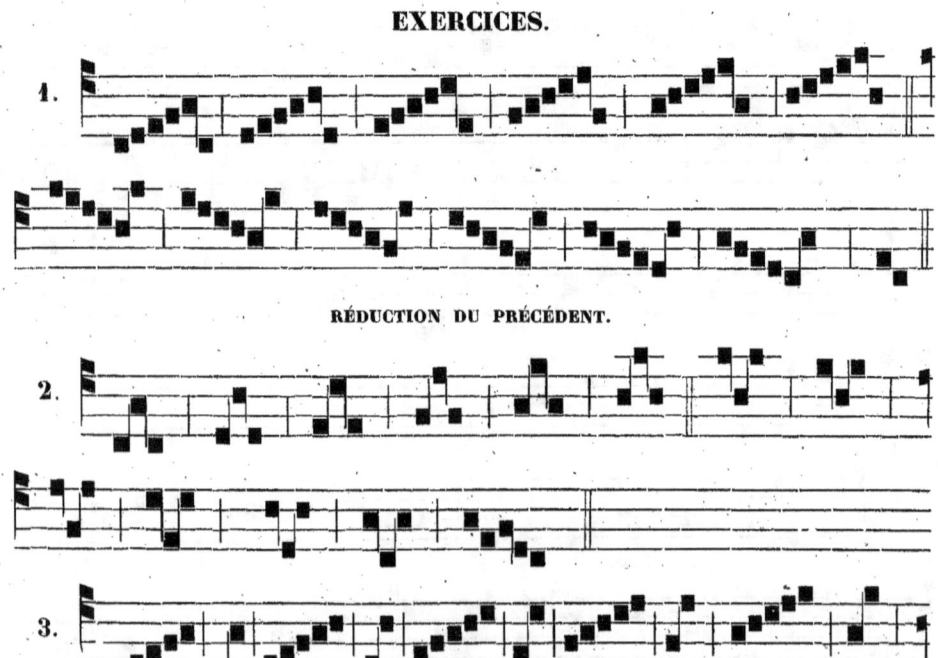

RÉDUCTION DU PRÉCÉDENT.

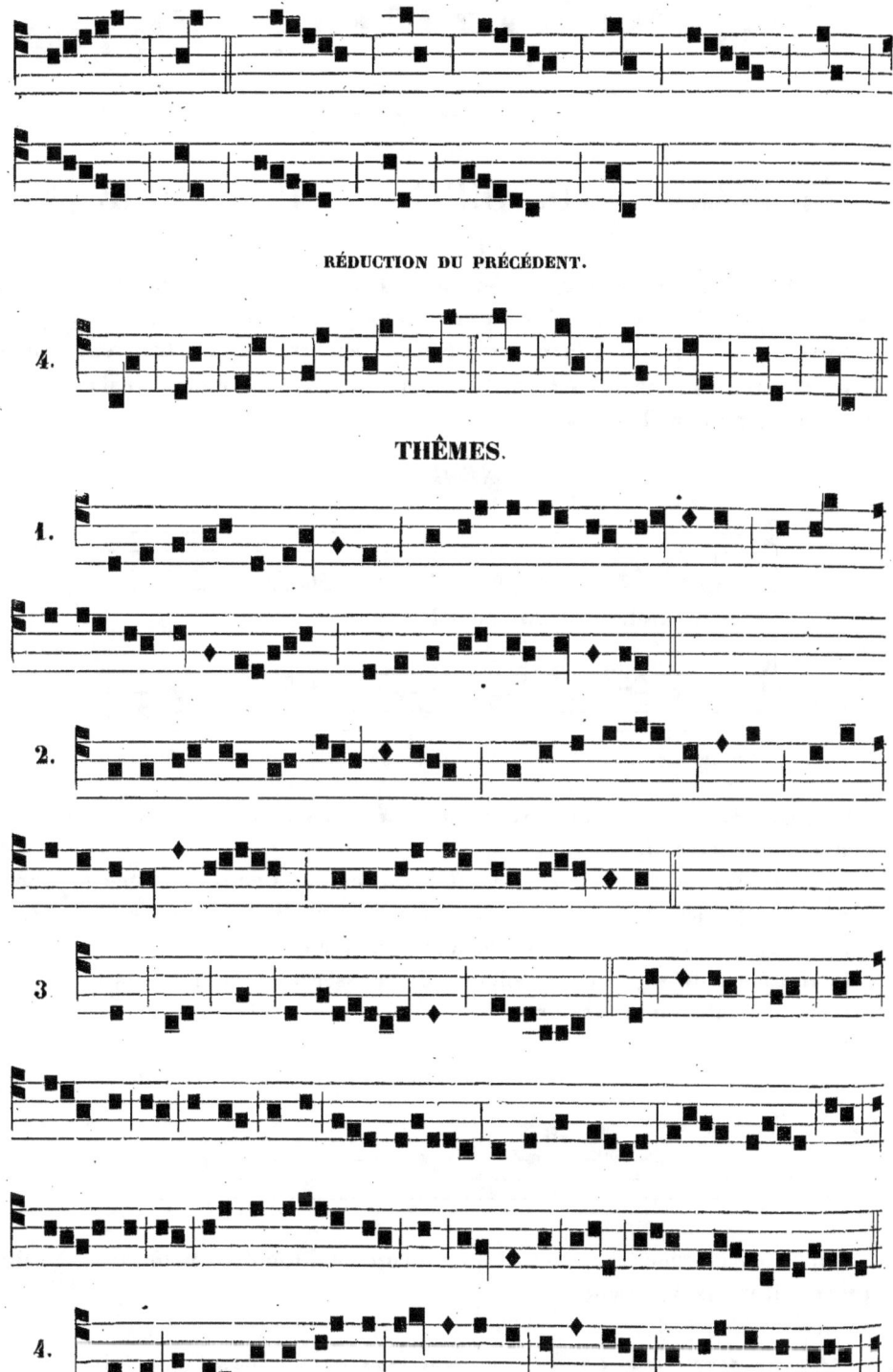

RÉDUCTION DU PRÉCÉDENT.

THÊMES.

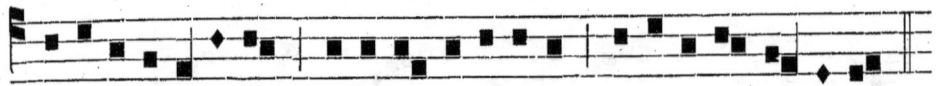

DU BÉMOL (♭), DU DIÈZE (✕), DU BÉCARRE (♮).

Dans la *gamme diatonique*, les *deux demi-tons* ont lieu du *mi* au *fa*, et du *si* à l'*ut*. Mais quand les deux notes *mi* et *si* sont précédées d'un petit signe qui a la forme d'un ♭, et que l'on nomme *bémol*, les *demi-tons* se trouvent transposés du *mi* au *ré*, et du *si* au *la* *. L'effet du *bémol* est donc d'abaisser d'un demi-ton la note qu'il précède.

EXEMPLES.

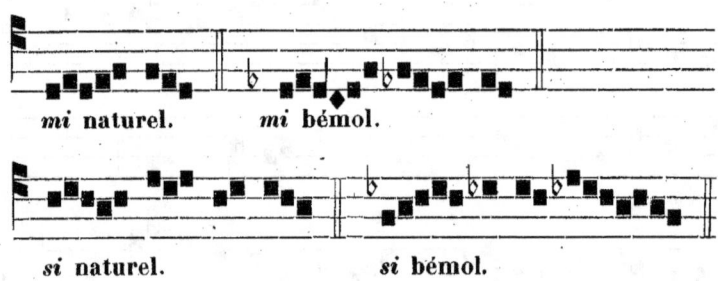

mi naturel.   *mi* bémol.

si naturel.   *si* bémol.

Le *bémol* ne se place que devant *mi* et *si*; mais rarement avec *mi*, et très fréquemment avec *si*.

Le *bémol* est *continuel* ou *accidentel*. Il est *continuel* dans une pièce de chant, quand il est placé en tête de *chaque portée*, immédiatement après la *clef*; il est *accidentel*, quand il ne se trouve que dans quelques passages.

Le *dièze* est un signe dont l'effet est de hausser d'un demi-ton la note qu'il précède; l'emploi en est très rare.

EXEMPLE.

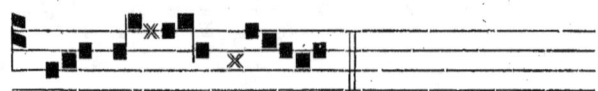

D'après ce qui vient d'être dit, il n'y a qu'un demi-ton de la note *diézée* à celle qui la suit immédiatement.

---

* On distingue deux sortes de *demi-tons*, les *majeurs* et les *mineurs* : les *demi-tons majeurs* sont ceux qui ont lieu naturellement de *mi* à *fa*, et de *si* à *ut* : les *demi-tons mineurs*, ceux qui se font par le *bémol*, de *ré* à *mi*, et de *la* à *si*.

Le *bécarre* est un signe établi pour détruire l'effet du *bémol* et du *dièze*; ainsi, quand après un *mi* ou un *si* bémol on retrouve ces notes précédées d'un *bécarre*, on doit les chanter dans leur ton naturel.

EXEMPLE.

En théorie, ces définitions ne pourraient être comprises par les élèves : il faut donc les leur rendre pour ainsi dire palpables, en les chantant devant eux, et en les leur faisant chanter ensuite.

EXERCICES

Sur le bémol accidentel et sur le bécarre.

Dans les pièces de chant où le *bémol* n'est qu'*accidentel*, il n'a d'effet sur les notes *mi* et *si* qu'il précède que jusqu'à la première petite barre. Dans ces pièces de chant, le *bécarre* est presque inutile : cependant, on l'y rencontre toujours après un *bémol*, non par nécessité, mais pour avertir de faire un ton plein au lieu d'un demi-ton, qui non-seulement changerait la modulation, mais la défigurerait.

Le *bécarre* devient pourtant nécessaire dans le chant des hymnes et des proses où le *bémol* n'est qu'*accidentel*; parce qu'il n'existe dans ce chant qu'une *grande barre* à la fin de chaque vers.

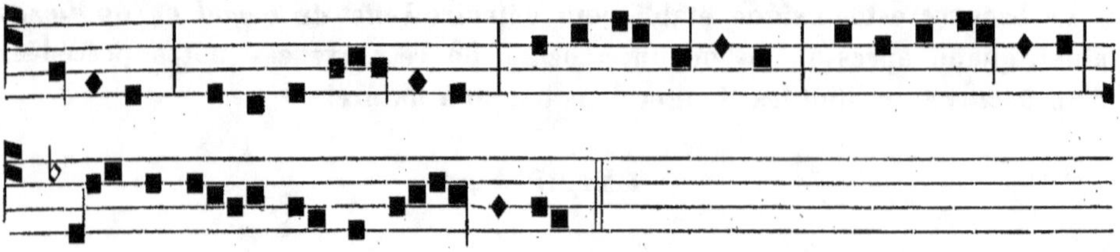

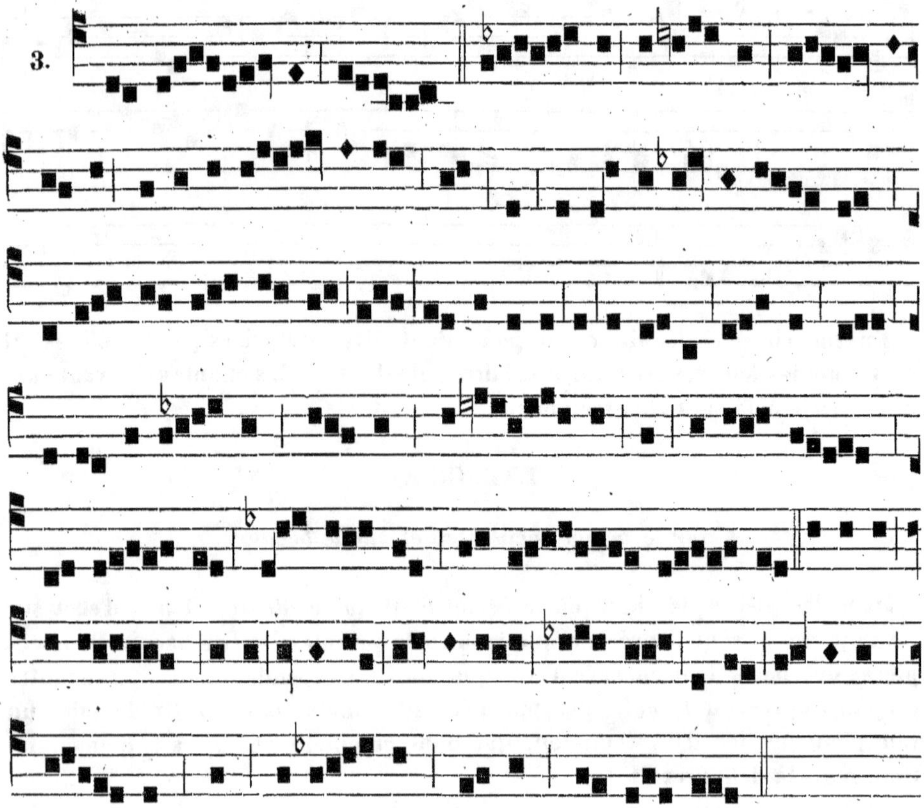

EXERCICES SUR LE BÉMOL CONTINUEL.

Dans les pièces de chant où le *bémol* est continuel, il se trouve assez fréquemment des modulations qui exigent le *si naturel* : alors il est indiqué par le *bécarre*; mais dans ce cas, l'effet ne s'en fait pas sentir au-delà de la dernière des deux petites barres entre lesquelles il est placé.

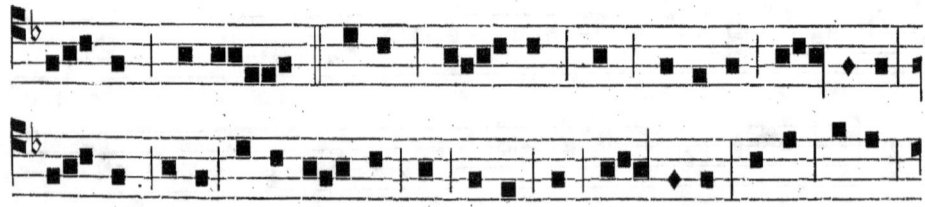

SIXTES.

Par degrés conjoints, séparées par des intervalles de quintes.

EXERCICE.

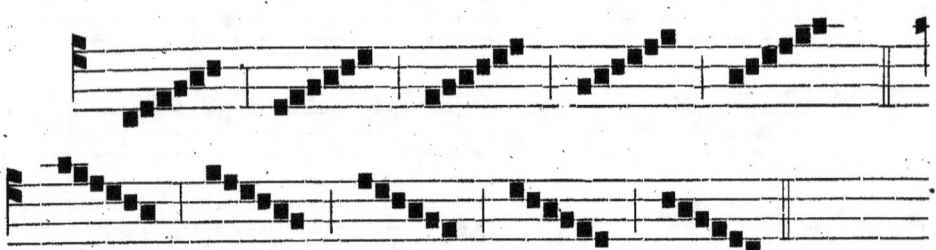

Sixtes conjointes et d'intervalles.

EXERCICES.

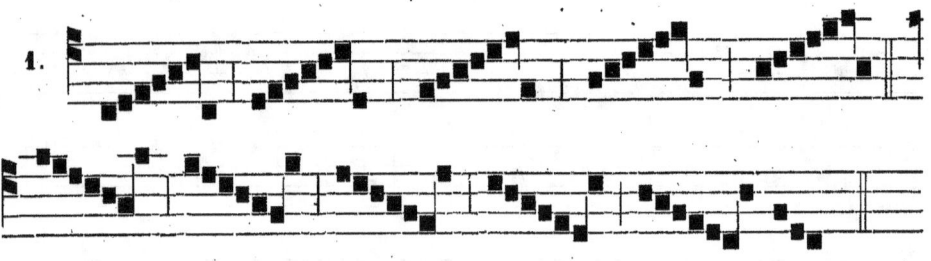

RÉDUCTION DU PRÉCÉDENT.

— 26 —

RÉDUCTION DU PRÉCÉDENT.

4.

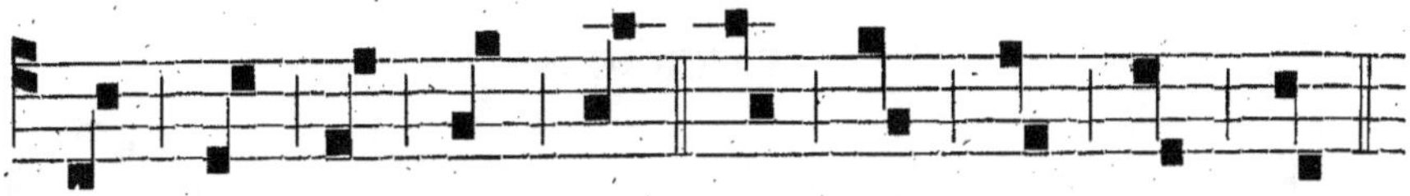

THÈME.

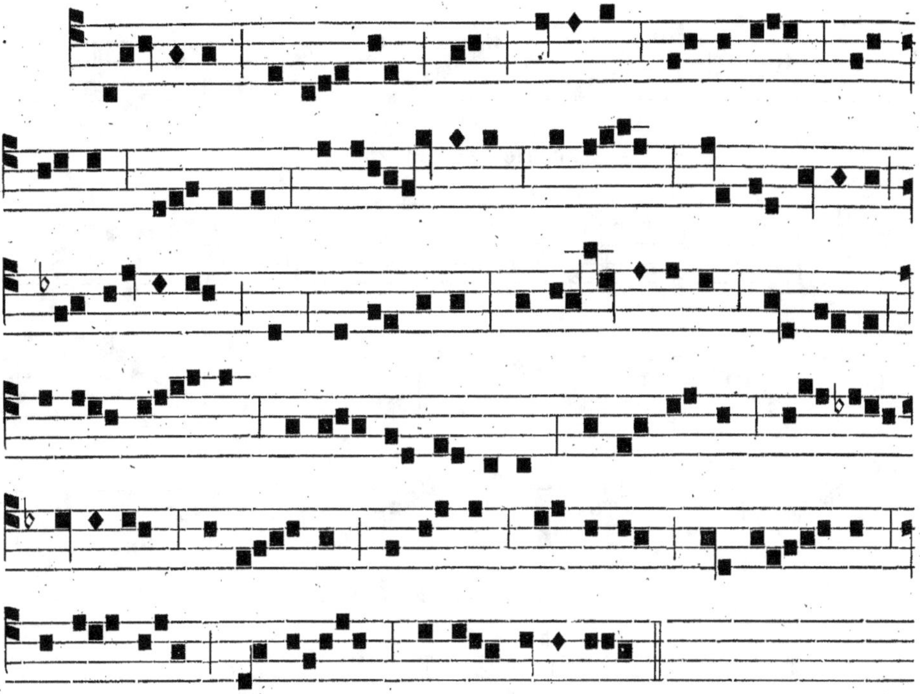

SEPTIÈMES.

Par degrés conjoints, séparées par des intervalles de sixtes.

EXERCICE.

Septièmes conjointes et d'intervalles.

EXERCICES.

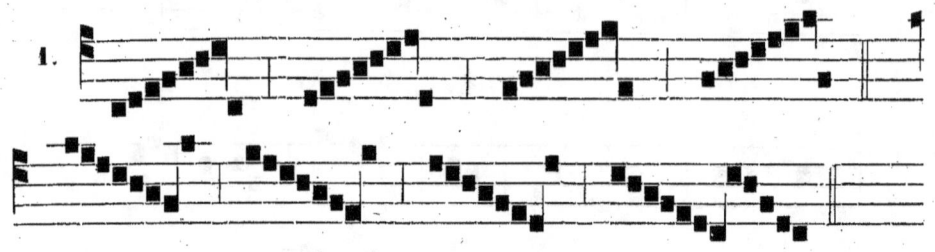

RÉDUCTION DU PRÉCÉDENT.

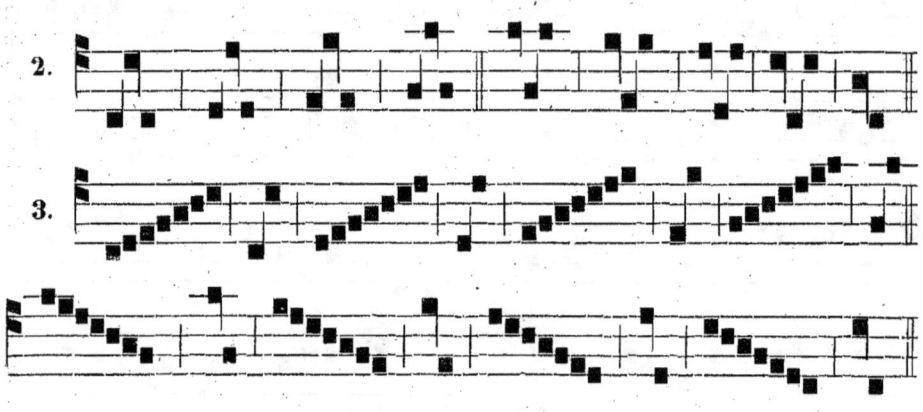

RÉDUCTION DU PRÉCÉDENT.

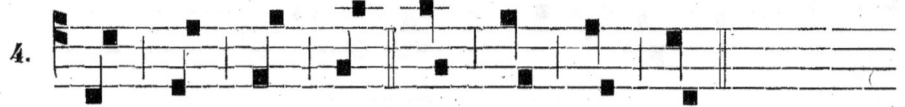

THÈMES.

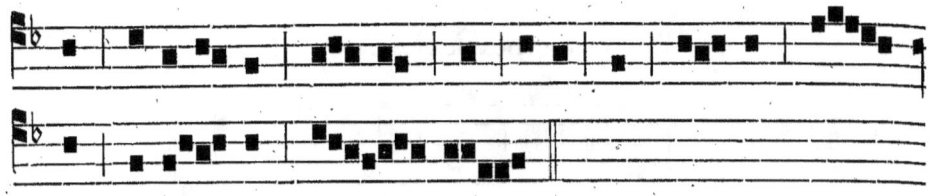

OCTAVES.

Par degrés conjoints, séparées par des septièmes d'intervalles.

EXERCICE.

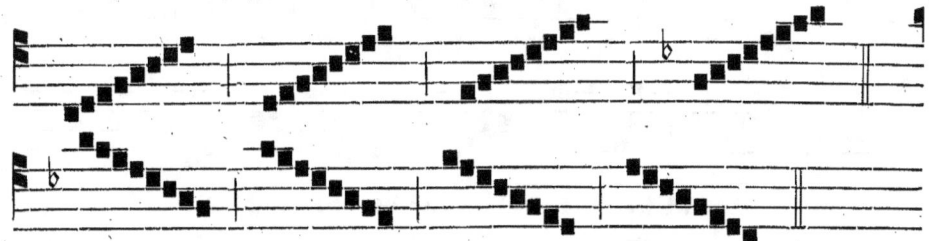

Octaves conjointes et d'intervalles.

EXERCICES.

1.
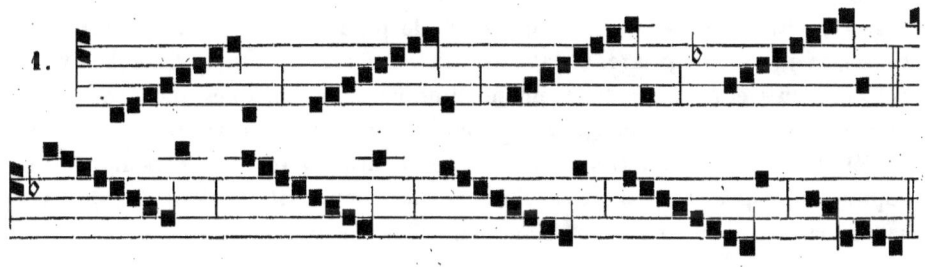

RÉDUCTION DU PRÉCÉDENT.

2.

3.
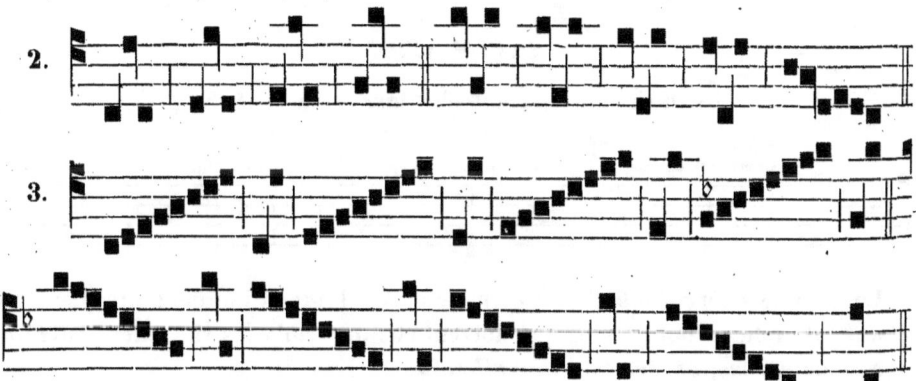

RÉDUCTION DU PRÉCÉDENT.

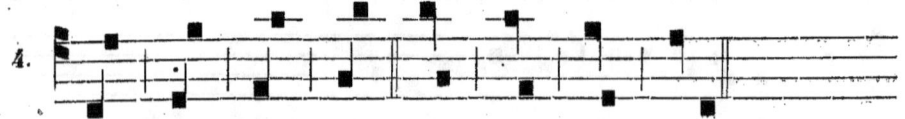

RÉSUMÉ DE TOUTES LES DIVISIONS DE LA GAMME.

LE MÊME PAR INTERVALLES SEULEMENT.

Les intonations les plus usitées dans le plain-chant sont : la *seconde*, la *tierce*, la *quarte*, la *quinte*, et la *sixte*. La *septième* et l'*octave*, quoique l'usage en soit peu fréquent, se trouvent néanmoins dans quelques pièces de chant divisées, telles que *prose, kyrie*, etc. ; mais seulement d'une reprise à une autre.

L'étude de ces intonations est tellement utile, que les élèves doivent s'y appliquer jusqu'à ce qu'ils les sachent parfaitement, s'ils veulent chanter avec assurance les pièces de chant quelles qu'elles soient.

EXPLICATION

De divers signes employés dans le plain-chant.

| Grande barre double, | grande barre simple, | petites barres, | guidon. |

La *grande barre double*, 1° s'emploie après l'intonation de toute pièce de chant ; 2° indique la fin de ce que doivent chanter seuls les choristes, dans un verset de *répons*, de *graduel* et d'*alleluia*.

3° Marque les divisions des *Kyrie, Gloria in excelsis, Credo*, et en général tout ce qui se chante à deux chœurs.

4° Termine toutes les pièces de chant.

La *grande barre simple* indique la fin du chant de chaque vers dans les hymnes et les proses.

Deux *petites barres* renferment une ou plusieurs notes appartenant au mot qui est au-dessous. Elles sont en usage dans toutes les pièces de chant, excepté les proses et les hymnes.

Le *guidon* est une demi-note qui se met à la fin de chaque *portée*, pour indiquer la première note de la *portée* suivante; mais ce *guidon* ou *guide* est trop souvent trompeur pour que l'on puisse s'y fier.

SÉPARATION ET RÉUNION DES NOTES

Entre deux petites barres.

Plusieurs notes, entre *deux petites barres*, sont séparées ou réunies. Elles sont séparées en autant de parties qu'il y a de syllabes dans un mot dont elles composent le chant; elles sont réunies pour un monosyllabe.

PAUSES OU REPOS A OBSERVER EN CHANTANT.

Ces pauses ou repos n'ont jamais été définis d'une manière positive. Aussi ceux qui chantent l'office divin, sont-ils toujours indécis sur un sujet qui ne leur a pas été démontré, et sur lequel ils n'ont que des idées vagues.

Dans le cours d'une pièce de chant, il n'y a réellement que la *grande barre simple* et la *double* qui indiquent un repos : encore la première ne s'emploie-t-elle qu'à la fin de chaque vers, dans les proses et les hymnes. Dans quelques-unes de ces dernières, une *petite barre* marque également un repos au milieu des grands vers; mais ailleurs elle n'indique rien de cela.

La *note pointée* en indique aussi un; mais dans les livres liturgiques, l'usage en est tellement irrégulier, par l'inattention des éditeurs, qu'à défaut d'autres renseignements l'emploi en serait problématique.

Dans quelques éditions, on la trouve principalement à la fin du chant de toute phrase suivie d'une autre, dans laquelle on rapporte les paroles de quelqu'un : comme après l'un de ces mots *dicens, dixit, dicentes*, etc.

Cependant, il ne peut n'y avoir que ces seuls repos dans le cours d'une pièce de chant : quelque courte qu'elle soit, il y en a d'autres, mais que rien n'annonce dans les *portées*. Il faut donc les trouver dans la *ponctuation* des paroles que l'on chante. Ainsi, comme dans la lecture, le chant exige une pause après un signe quelconque de ponctuation, même après la virgule quand elle divise une phrase. Mais quand elle est placée avant et après un nom en apostrophe, elle est de nul effet.

Tous ces repos sont obligatoires, et leur durée équivaut à celle d'une *carrée simple*.

Les deux *carrées*, avant un repos, se font : la dernière comme une *brève*, et la précédente, comme une note *à queue*.

On doit observer cette règle, pour terminer toute pièce de chant.

Il ne faut pas confondre *le repos* avec le besoin de respirer. Celui-ci est absolument facultatif, puisqu'il se fait sentir plus ou moins souvent, selon la force ou la faiblesse des poumons. On doit alors le satisfaire le plus imperceptiblement possible, et sans nuire à la mesure; mais il ne faut pas attendre pour cela qu'il soit trop grand.

Cette dernière observation n'est d'ailleurs utile que quand on chante seul.

DE LA JONCTION DES SYLLABES AUX NOTES.

Avant de faire passer les élèves à l'étude des *notes* sur les autres *clefs*, s'ils savent bien ce qui précède, on doit leur apprendre à joindre les *syllabes* aux *notes*. Pour leur aplanir cette difficulté, nous ne leur présentons d'abord que des morceaux de la plus grande simplicité, que néanmoins on aura soin de leur faire solfier, avant d'exiger qu'ils prononcent des syllabes au lieu du nom des notes. On procèdera de cette manière, jusqu'à ce qu'ils soient assez exercés pour pouvoir se passer de leçons et étudier seuls.

EXERCICES

Pour apprendre à remplacer le nom des notes par des syllabes.

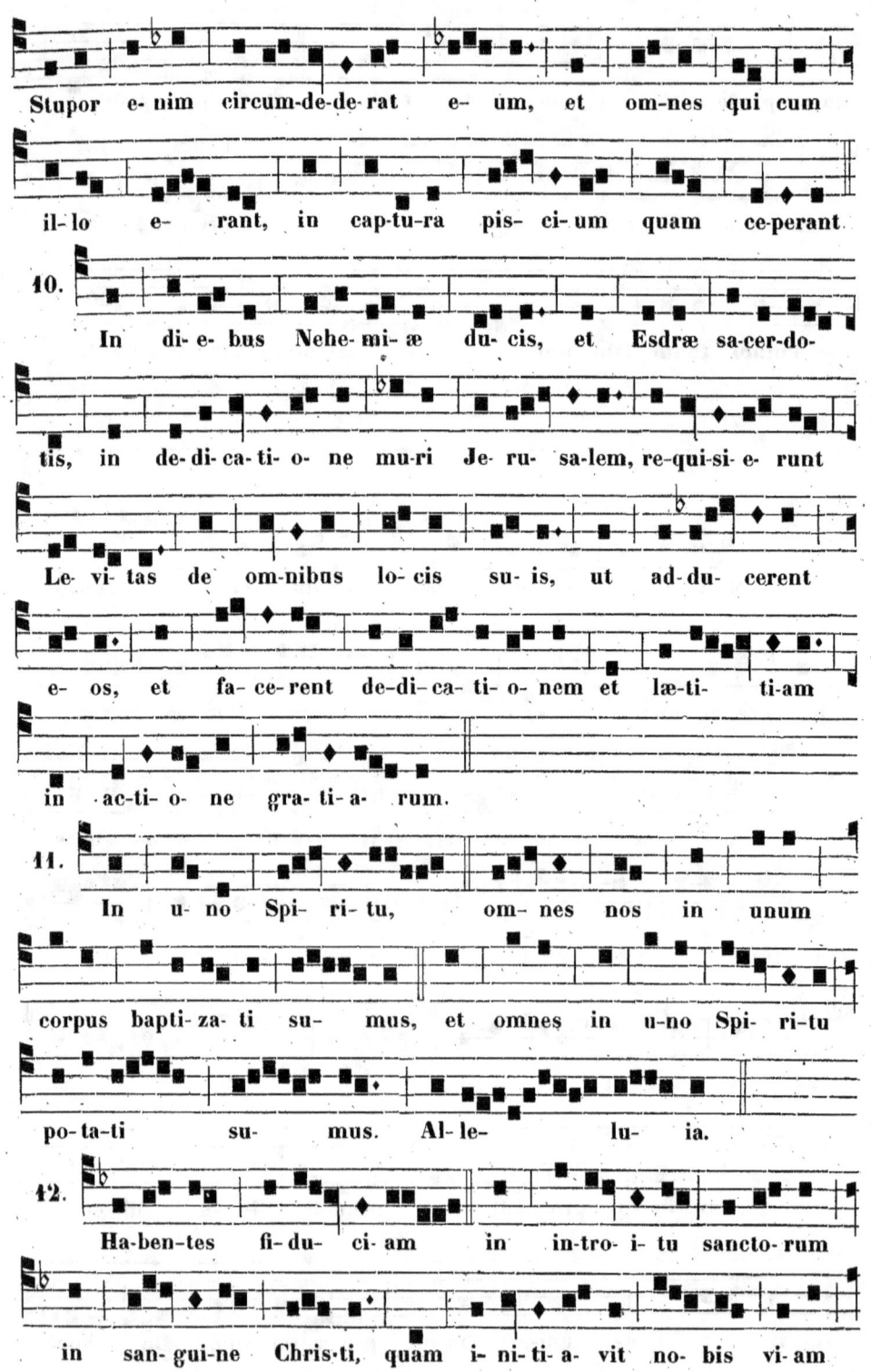

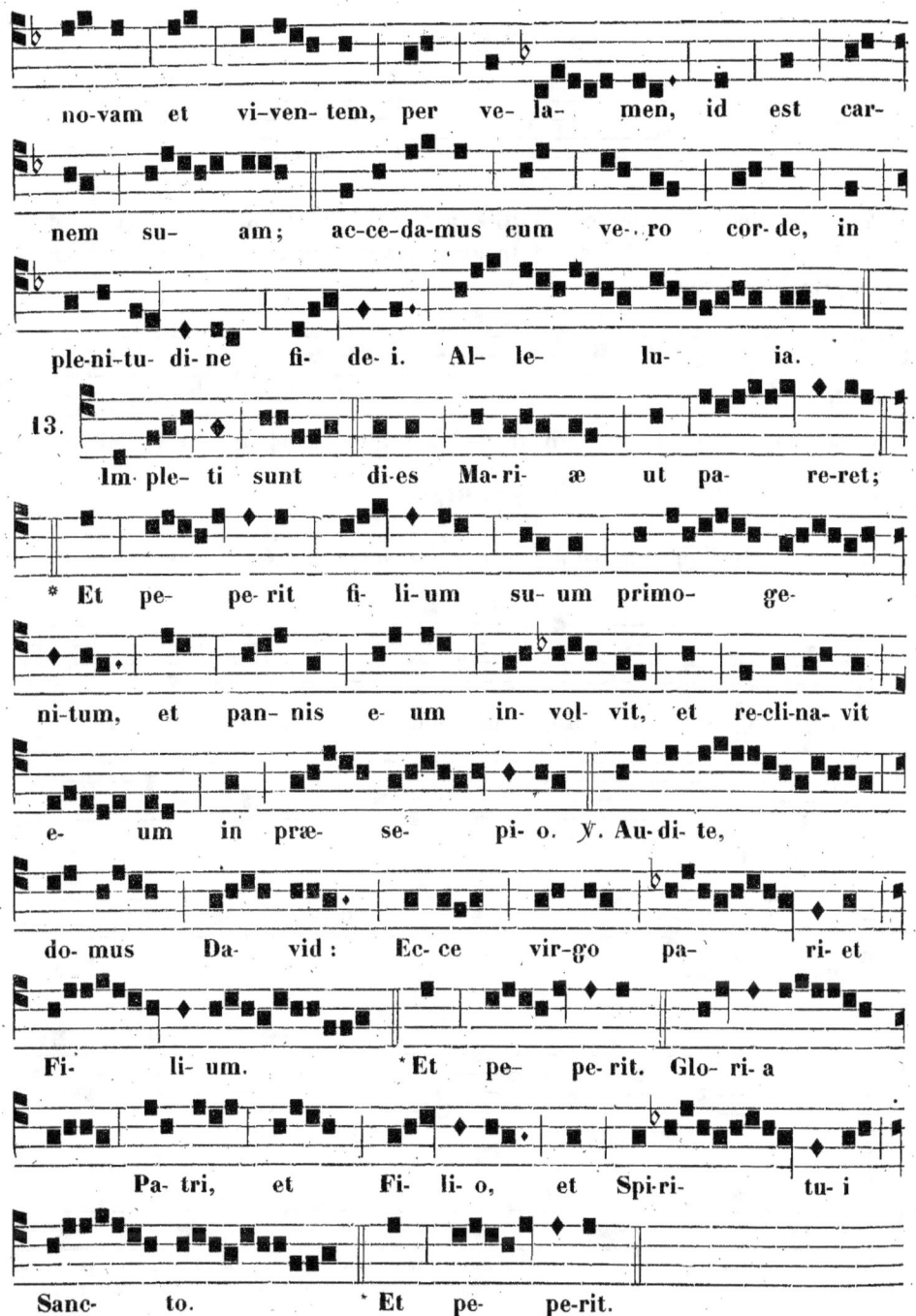

no-vam et vi-ven-tem, per ve- la- men, id est car-nem su- am; ac-ce-da-mus cum ve- ro cor-de, in ple-ni-tu- di-ne fi- de- i. Al- le- lu- ia.

13. Im- ple- ti sunt di- es Ma-ri- æ ut pa- re-ret; * Et pe- pe-rit fi- li- um su- um primo- ge-ni-tum, et pan- nis e- um in- vol- vit, et re-cli-na- vit e- um in præ- se- pi- o. ℣. Au- di- te, do- mus Da- vid : Ec- ce vir-go pa- ri- et Fi- li- um. * Et pe- pe-rit. Glo- ri- a Pa- tri, et Fi- li- o, et Spi-ri- tu- i Sanc- to. * Et pe- pe-rit.

(*) La seconde *grande barre double* indique une *réclame* que l'on reprend après le verset et après *Gloria Patri*. Elle se continue jusqu'où le verset commmence. Il y a des *Répons* qui n'en ont qu'une, et d'autres, deux.

DEUXIÈME CLEF D'UT.

ut.

Cette *clef* abaisse d'une *tierce* l'*ut*, et par conséquent toutes les autres notes. Voici l'ordre dans lequel elles s'y trouvent placées, en commençant au-dessous de la première ligne.

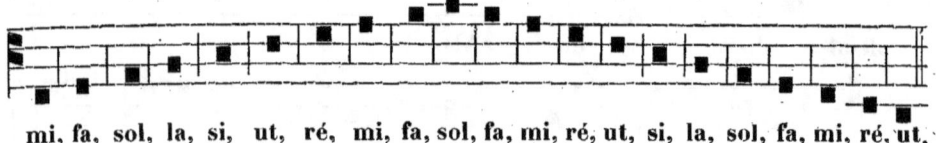

mi, fa, sol, la, si, ut, ré, mi, fa, sol, fa, mi, ré, ut, si, la, sol, fa, mi, ré, ut,

EXERCICE

Pour apprendre à nommer les notes sur les lignes.

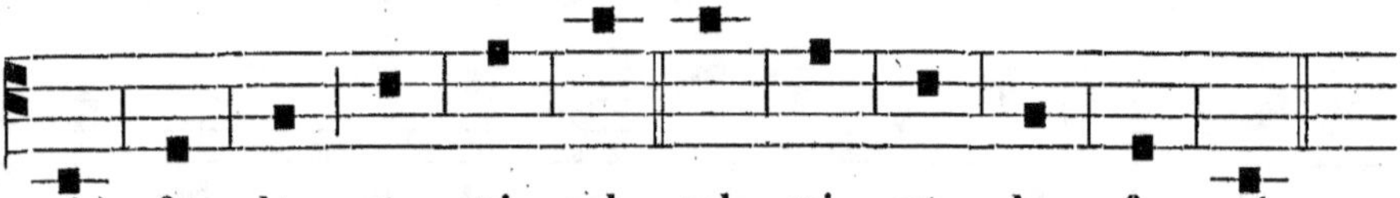

ré, fa, la, ut, mi, sol, sol, mi, ut, la, fa, ré,

ré, fa, la, ut,

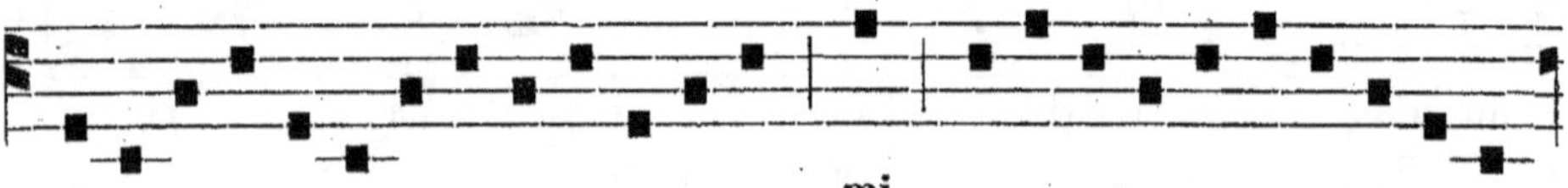

mi,

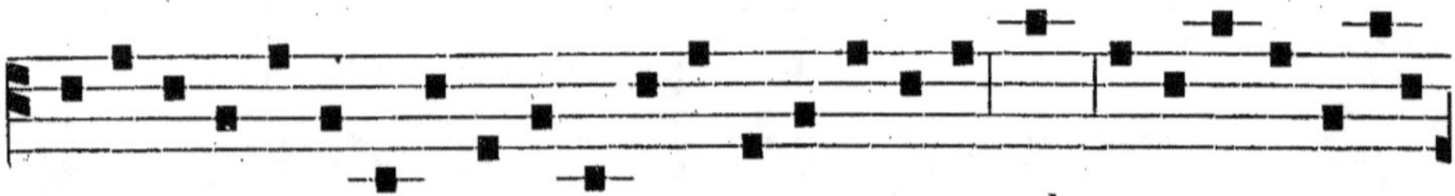

sol,

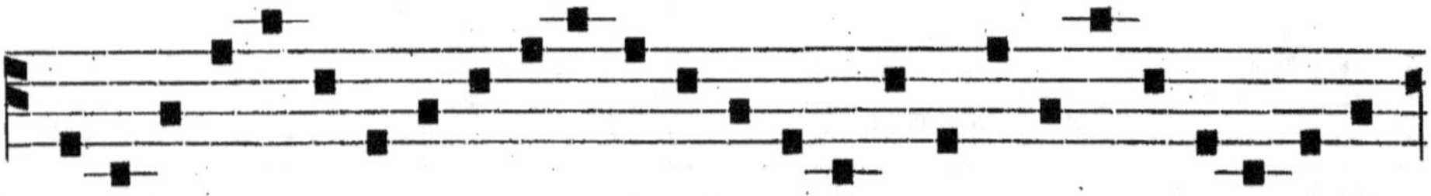

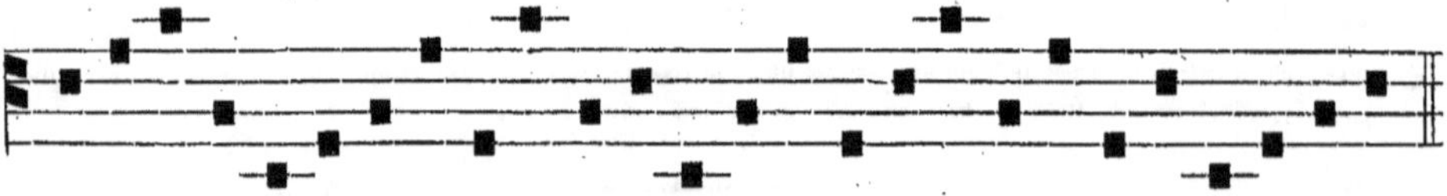

2ᵉ EXERCICE

Pour apprendre à connaître les notes dans les interlignes et à faire la récapitulation du précédent.

Dans les pièces de chant de la 1ʳᵉ *clef* d'*ut*, on ne trouve guère que les *deux demi-tons*, du *mi* au *fa* et du *si* à l'*ut*, ou transposés par le *bémol* ; mais avec la 2ᵉ, celui de *mi* à *fa* se répète, pour ainsi dire, aussi fréquemment dans le bas que dans le haut : ainsi, dans l'étendue des notes de cette *clef*, il y a donc *trois demi-tons*, dont l'un tient le milieu et les deux autres les extrémités de la *portée*. Comme c'est surtout par ces *trois demi-tons* que les pièces de chant de la 2ᵉ *clef* d'*ut* ont un caractère qui les distingue de celles de la 1ʳᵉ, il est d'abord d'une nécessité indispensable de les faire; ensuite, parce que c'est un des moyens sûrs de ne pas détoner.

Pour ne pas les omettre, il est essentiel de remarquer les lignes et les interlignes où ils se trouvent.

DE LA TRANSPOSITION

Des notes par les clefs, et de leur changement de diapason.

Comparativement à la 1ʳᵉ *clef* d'*ut*, les trois autres transposent chacune d'une *tierce* toutes les notes : la 2ᵉ et la 3ᵉ d'*ut*, en descendant, et celle de *fa*, en montant.

De cette transposition, il résulte que le diapason de chaque note doit aussi s'abaisser ou s'élever proportionnellement, pour être à la portée de la voix.

D'après ce qui vient d'être dit, on comprendra facilement que l'*ut* de la *clef* dont il est ici question doit avoir le même diapason que le *la* de la 1ʳᵉ; et qu'ainsi, en descendant par degrés conjoints de cet *ut* jusqu'au *fa*, on trouve que le diapason de cette note correspond à celui du *ré* qui est sur la même ligne, avec la *clef* qui nous sert de comparaison.

DU SI BÉMOL AVEC CETTE 2ᵉ CLEF D'UT.

Le *si bémol* est continuel ou accidentel avec cette 2ᵉ *clef* d'*ut*, comme avec la précédente. Quand il est *continuel*, il produit les mêmes effets que ceux d'une *gamme diatonique*, comme on va le voir par les exemples suivants.

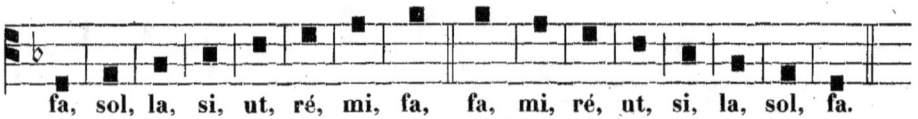

fa, sol, la, si, ut, ré, mi, fa,   fa, mi, ré, ut, si, la, sol, fa.

On voit d'abord, par cette *gamme*, les *tons* et *demi-tons* placés dans le même ordre que dans la *gamme diatonique*, excepté le changement de lignes et d'interlignes. Mais pour mieux s'en convaincre, il faut supposer une *clef d'ut* sur la première ligne, et ôter le *bémol*.

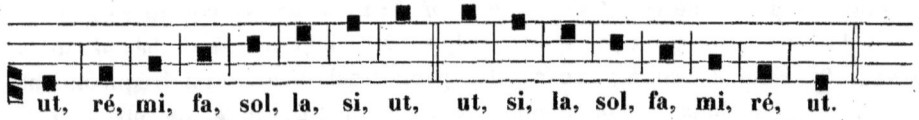

ut, ré, mi, fa, sol, la, si, ut,   ut, si, la, sol, fa, mi, ré, ut.

Ces deux *gammes* produisent exactement les mêmes effets.

EXERCICES SUR LA 2ᵉ CLEF D'UT,

Avec le si bémol *continuel.*

Ces exercices sont des pièces de chant choisies çà et là, dont les paroles accompagnent les notes, pour que les élèves puissent joindre les unes aux autres, après qu'ils se seront assurés de toutes les intonations en solfiant.

Nous avons fait choix d'abord de celles qui ont le *si bémol continuel*, comme étant dans un ton naturel, par conséquent plus facile à chanter, et plus propre à former le goût des élèves.

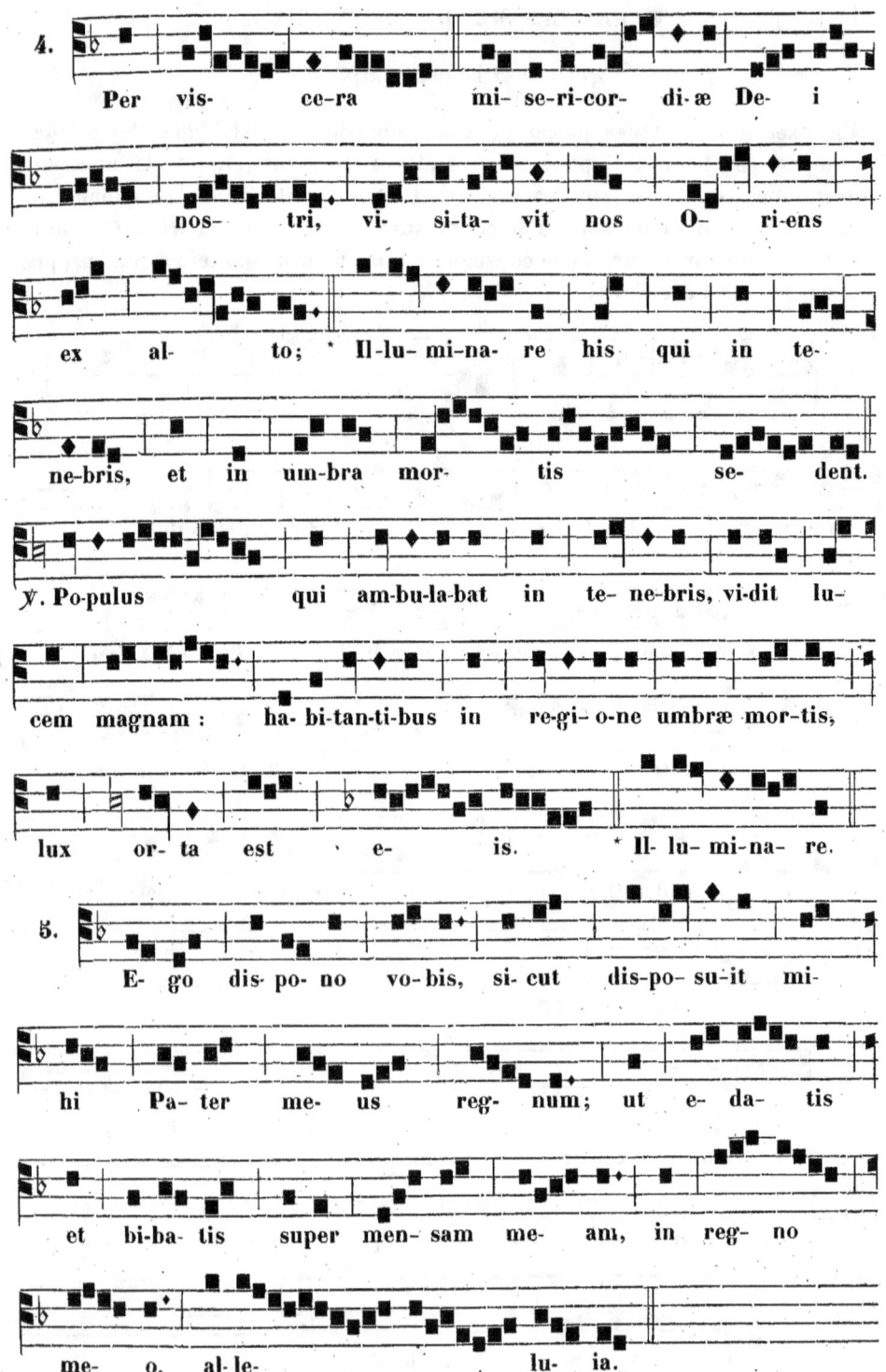

— 42 —

EXERCICES AVEC LE SI BÉMOL ACCIDENTEL.

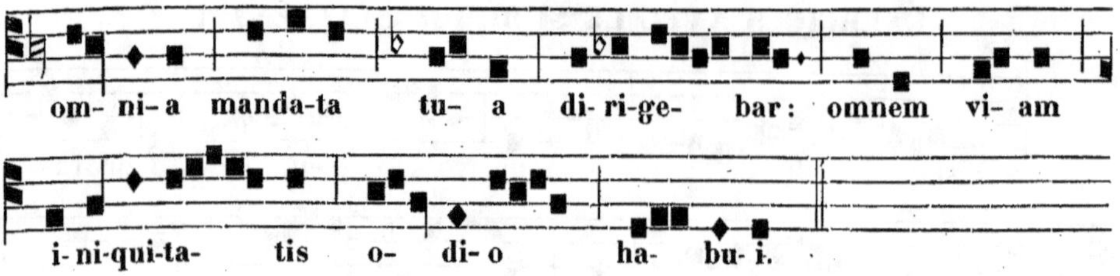

om- ni- a manda-ta tu- a di- ri- ge- bar: omnem vi- am i- ni-qui-ta- tis o- di- o ha- bu- i.

Des exercices sur la *clef précédente* se trouveront, de temps à autre, pour que les élèves ne la perdent d'abord pas de vue; ensuite, afin qu'ils s'habituent à solfier et à chanter, dans une même leçon, sur les différentes clefs, au fur et à mesure qu'ils apprendront à les connaître.

4. Ta- lem ha- be- mus Pon- ti- fi- cem, qui con- se- dit in dex- te- ra se- dis mag-ni-tu- dinis in cœ- lis; Sanc- to- rum mi- nis- ter, et ta- ber-na- cu- li ve- ri, quod fi-xit Do- mi-nus, et non ho- mo, al- le- lu- ia.

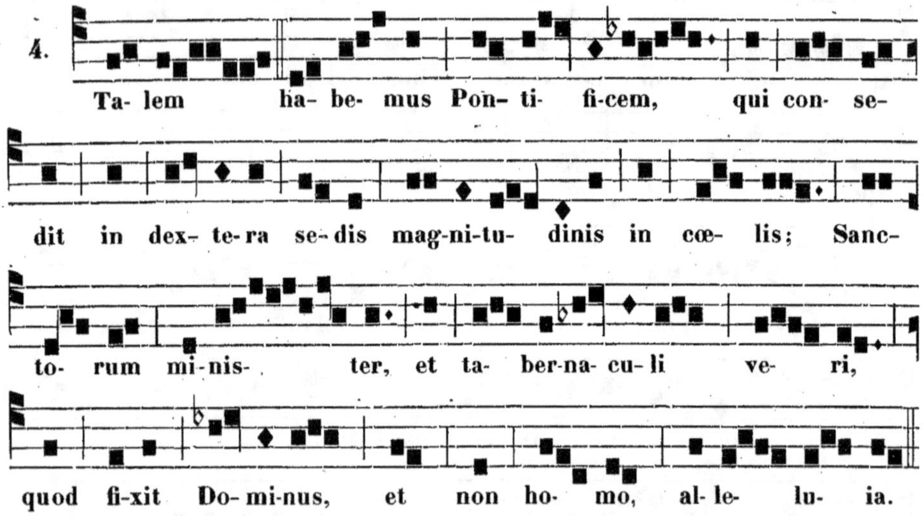

5. Cus-to-di- te vos, ne ex-ci-da- tis a pro- pri-a fir- mi-ta te: cres- ci- te ve- ro in gra- ti- a, et in cog-ni ti- o- ne Domi-ni nos- tri, et Salva- to- ris Je- su Chris- ti, al- le- lu- ia.

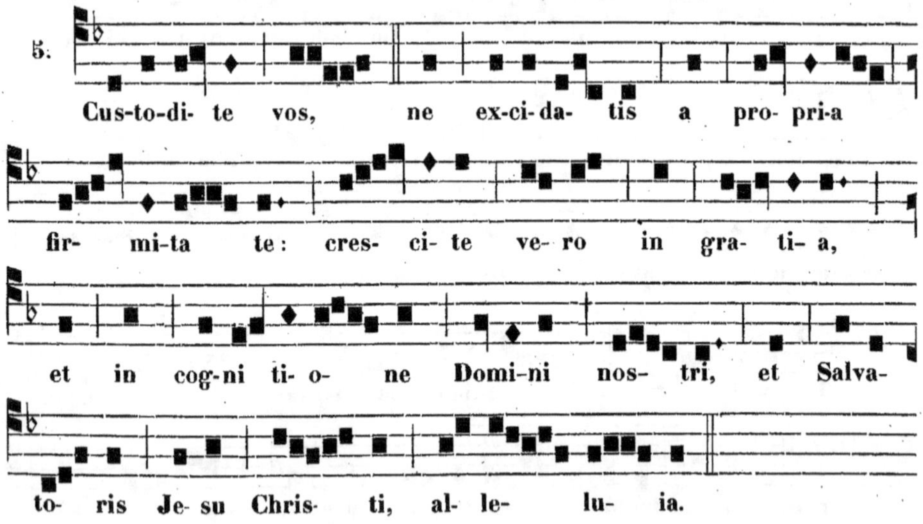

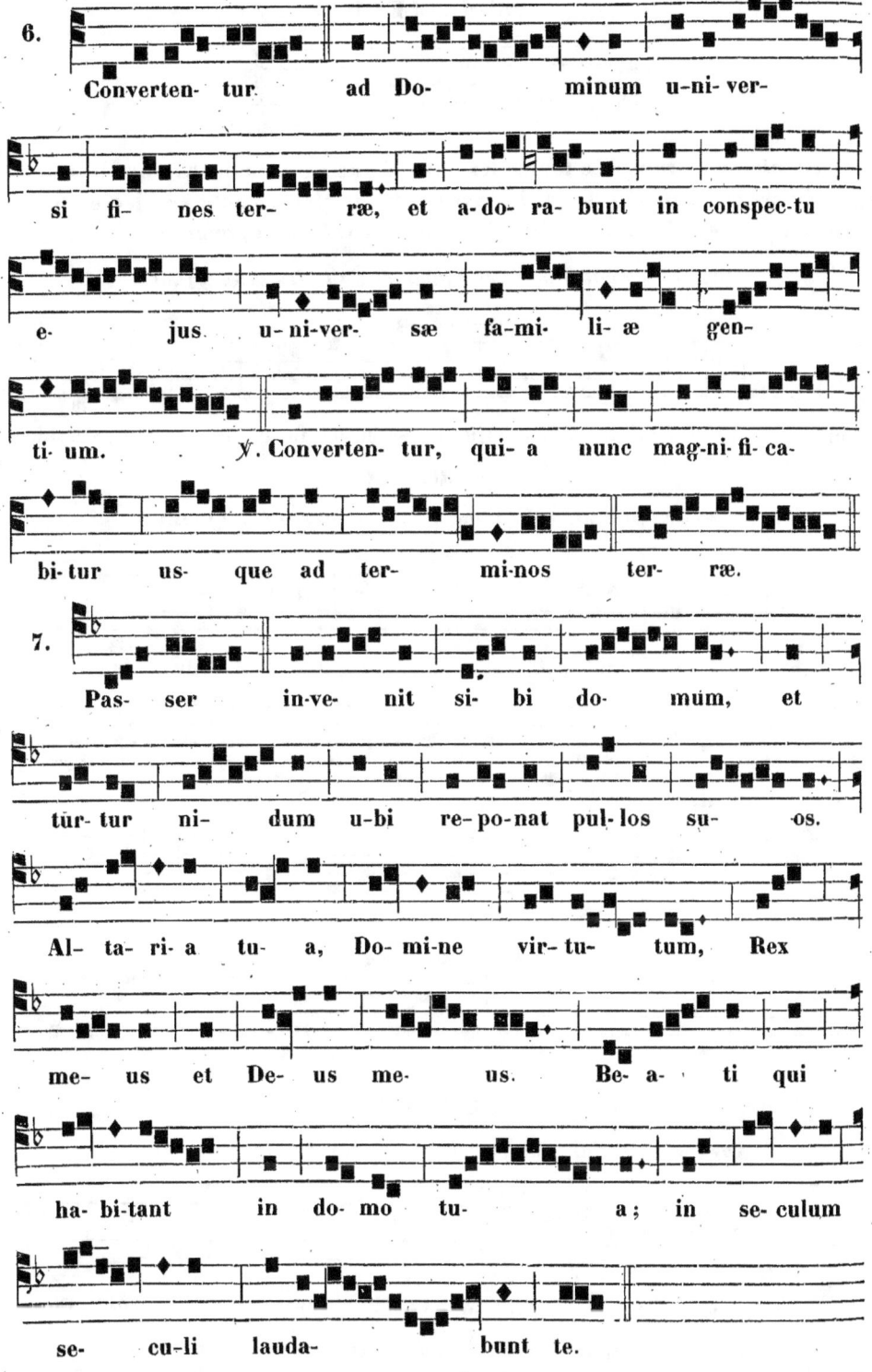

TROISIÈME CLEF D'UT.

ut.

La 3ᵉ *clef d'ut* transpose toutes les notes d'une *quinte* plus bas que la 1ʳᵉ, et d'une *tierce* au-dessous de la 2ᵉ. Avec cette 3ᵉ *clef*, la note *mi* placée sur la troisième ligne doit être au même diapason que le *la* de la première.

Ordre des notes sur les lignes et dans les interlignes.

sol, la, si, ut, ré, mi, fa, sol, la, si, ut, ut, si, la, sol, fa, mi, ré, ut, si, la, sol, fa.

EXERCICE *

Pour apprendre à connaître les notes sur les lignes.

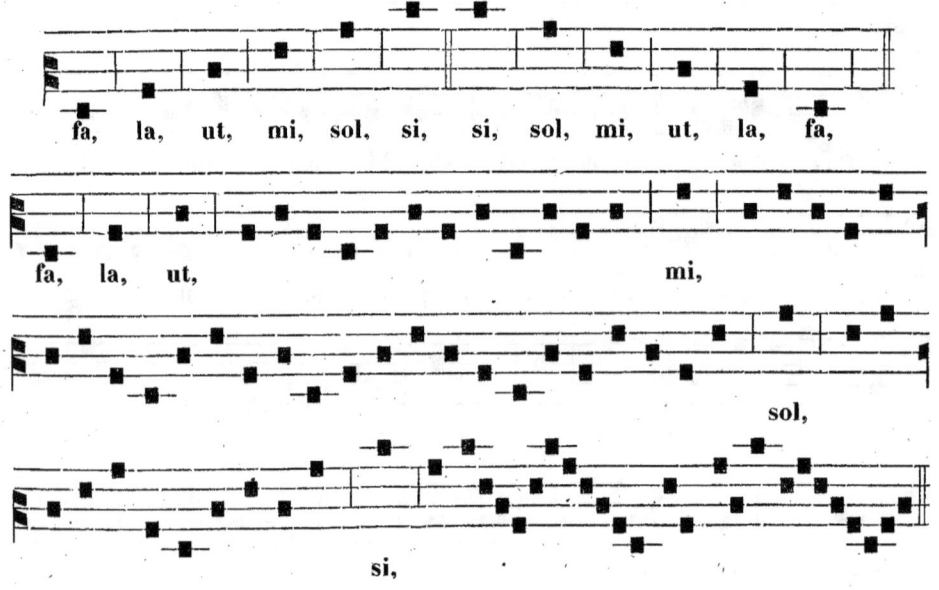

fa, la, ut, mi, sol, si, si, sol, mi, ut, la, fa,

fa, la, ut, mi,

sol,

si,

EXERCICE

Sur les notes dans les interlignes et résumé du précédent.

mi, sol, si, ré, fa, la, ut, ut, la, fa, ré, si, sol, mi.

* Nous donnons les exercices ci-dessus, au cas que l'on ne voudrait pas faire usage des moyens ci-après indiqués, de transposer cette clef.

mi, sol, si, ré, fa, la, ut.

OBSERVATION.

Comme cette 3ᵉ clef d'*ut* est très rarement employée, elle serait une véritable difficulté si l'on ne s'habituait à la remplacer par la 1ʳᵉ avec le *si bémol continuel*.

Les pièces de chant suivantes, que l'on pourra solfier alternativement sur ces deux clefs, feront comprendre que les mêmes modulations se reproduisent par l'une comme par l'autre.

1. Qui vi-gi-la-ve-rit prop-ter sa- pi- en-ti- am, ci- to se- cu- rus e- rit; quo-ni-am dig-nos se ip- sa cir- cu- it quæ- rens, et in vi- is os-tendit se il- lis hi- la- ri-ter.

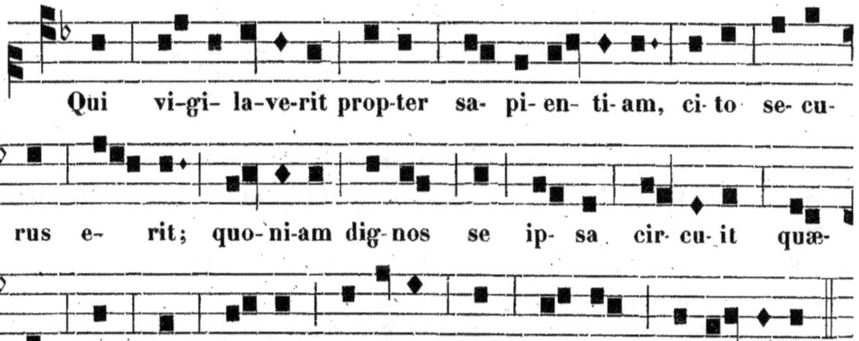

2. Chris- tus na- tus est no- bis : ve- ni- te, a- do-re- mus. Ve- ni- te, e-xul-temus Do- mi-no: ju-bi-le-mus De- o sa- lu- ta- ri nos- tro : præ-oc-cu-pe-

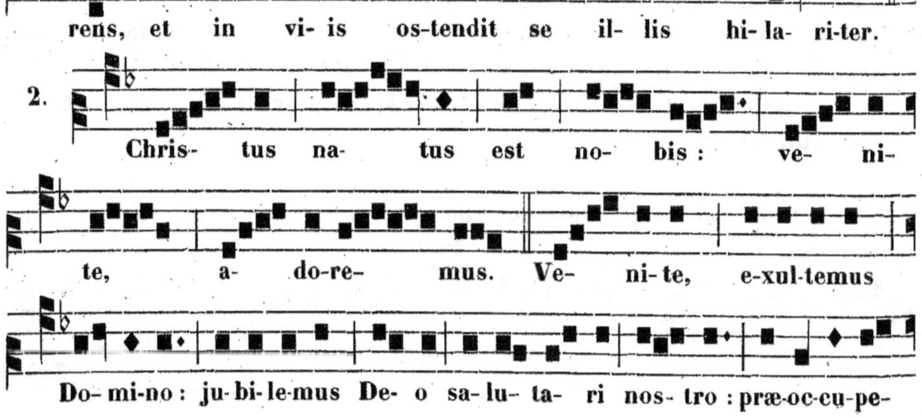

CLEF DE FA.

fa.

La *clef de fa*, comme on l'a vu précédemment, ne se place que sur la 3e ligne. Elle transpose toutes les notes *d'une tierce plus haut* que la 1re *clef d'ut*; par conséquent le *fa* se trouve au même diapason que le *la* de cette dernière. Ainsi, d'après ce qui a été dit sur les autres clefs, on doit observer cette règle pour toute note placée sur la 3me ligne.

Cette *clef de fa*, de même que la 2me *clef d'ut*, produit *trois demi-tons:* le 1er au bas de la portée; le 2me au milieu, et le 3me par le *si* qui est toujours *bémol*, au-dessus de la 4me ligne; tandis que cette même note sur la 1re ligne est naturelle, surtout en descendant; et quand il arrive qu'elle est précédée du *bémol*, ce n'est qu'accidentellement.

Ordre des notes sur les lignes et dans les interlignes.

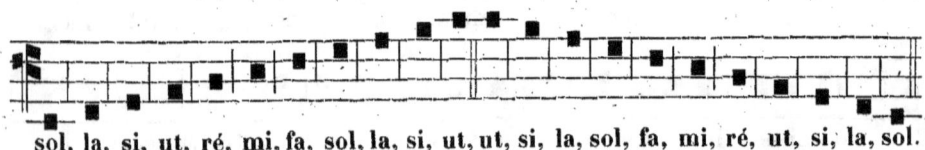

sol, la, si, ut, ré, mi, fa, sol, la, si, ut, ut, si, la, sol, fa, mi, ré, ut, si, la, sol.

EXERCICE

Pour apprendre à connaître les notes sur les lignes.

EXERCICE

Pour apprendre à connaître les notes dans les interlignes et à faire la récapitulation du précédent.

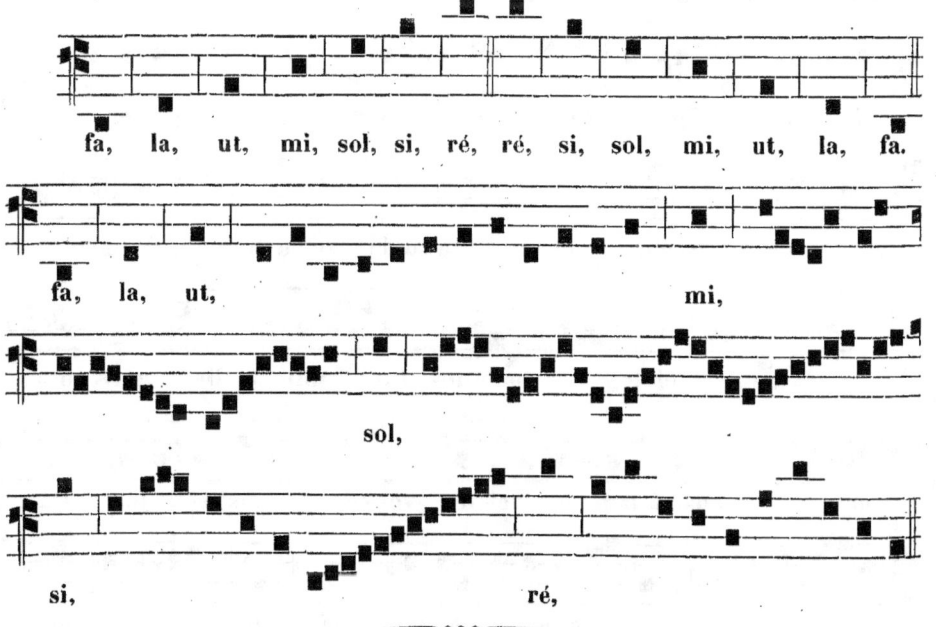

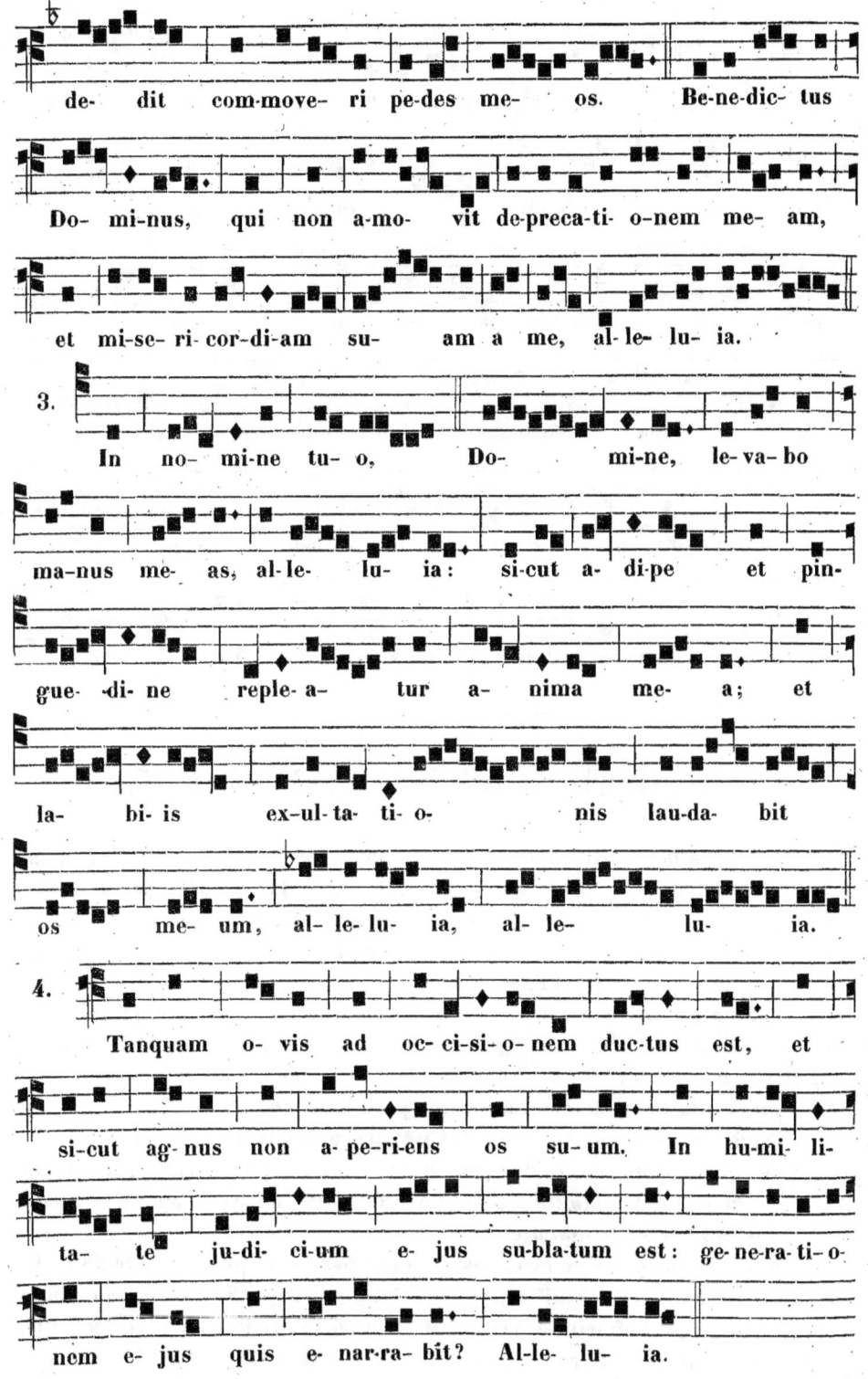

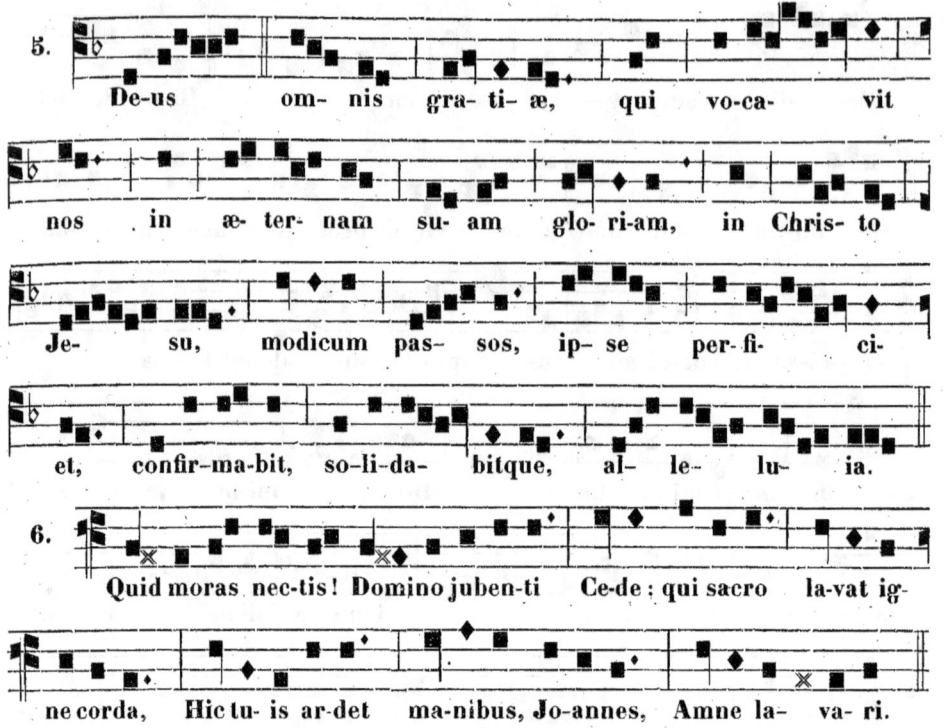

DES HUIT TONS DU PLAIN-CHANT.

Le mot *ton*, dans le plain-chant, ne signifie pas seulement la transition d'une note à une autre, soit en élevant, soit en baissant la voix ; il signifie encore *manière* ou *mode de modulations* qui diffèrent entre elles.

On en compte *huit* qui se distinguent particulièrement par *deux notes*, dont l'une se nomme *dominante*, et l'autre *finale*.

La *dominante* d'un *ton* est la note qui se répète le plus fréquemment dans le haut, c'est-à-dire depuis la 3e ligne et au-dessus. On la reconnaît facilement dans le *psaume* d'un *introït* et dans le *verset* d'un *répons*.

La *finale* est la note qui termine chaque pièce de chant.

Pour savoir positivement sur quel *ton* une pièce de chant se trouve, il ne suffit pas de reconnaître l'une de ces deux notes, les deux sont nécessaires : quelques *tons* ayant la même *dominante* diffèrent par la *finale*; d'autres, ayant la même *finale*, diffèrent par la *dominante*.

Le ton de chaque pièce de chant est indiqué par un *n°* placé en tête de la 1re portée ; mais ce *n°* n'a de signification qu'autant qu'il rappelle la *dominante* et la *finale* qui lui appartiennent, et la connaissance en est tellement indispensable, qu'on ne parvient à chanter avec assurance qu'autant qu'on la possède.

Dans les *répons*, la *finale* ne se trouve qu'immédiatement avant le commencement du *verset*; dans les *introïts*, avant celui du *psaume*.

Le tableau que nous donnons ci-après doit être appris par cœur par les élèves; et dans la suite les maîtres feront très bien de les questionner à chaque pièce de chant devant servir de leçon, pour qu'ils en disent la *dominante* et la *finale*.

Les anciennes méthodes divisent les huit *tons* en *réguliers*, en *irréguliers* et en *mixtes*. Selon ces méthodes, les *tons réguliers* sont ceux qui ne sortent pas d'une certaine étendue de notes prescrite par on ne sait quelle règle, et n'ayant qu'une modulation dans la *dominante* et une autre dans la *finale*, reproduites avec quelques faibles variantes.

Les *tons irréguliers* sont ceux qui s'écartent plus ou moins de cette règle.

Les *tons mixtes* sont ceux dans lesquels on pourrait reconnaître certaines modulations que l'on croyait ne devoir appartenir qu'à d'autres tons : de sorte que, selon ces méthodes, quelques pièces de chant devraient être considérées comme étant dans un ton irrégulier et mixte tout ensemble.

L'étude de ce qui pourrait faire connaître une semblable division n'étant propre à aplanir aucune difficulté dans la pratique, et à peu près nulle en théorie, nous n'avons pas cru devoir en donner des exemples.

La plupart des pièces de chant telles que répons, introïts, graduels, offertoires, etc., n'ont en tête de la première portée que le n° de leur ton; quelques autres, outre ce n°, ont une lettre. Vouloir se rendre compte de cette dernière distinction serait une de ces recherches oiseuses qui n'aboutissent à rien.

Dans le vieux plain-chant, ces lettres avaient une signification : par exemple, A indiquait pour finale la note *la*; B, la note *si*; C, la note *ut*; D, la note *ré*, etc.; mais la découverte de la transposition ayant démontré l'inutilité de clefs qui ne sont plus en usage aujourd'hui, il en résulte que fréquemment ces lettres ne donnent que de fausses indications sur les finales. Cependant, en tête des antiennes sur le ton desquelles se chantent des psaumes, elles servent à distinguer les variantes des *médiations* ou *médiantes* et des *finales* de chaque ton.

On peut voir dans les vespéraux, au chant des psaumes et des cantiques évangéliques, ces variantes de médiations et de finales, et quelles sont les lettres qui les font reconnaître.

Le caractère de chacun des huit tons est exprimé par d'anciens qualificatifs que nous croyons devoir rapporter ici :

Primus, gravis.	Le 1er, grave.
Secundus, tristis.	Le 2e, triste.
Tertius, mysticus.	Le 3e, mystique.
Quartus, harmonicus.	Le 4e, harmonieux.
Quintus, lætus.	Le 5e, joyeux.
Sextus, devotus.	Le 6e, religieux.
Septimus, angelicus.	Le 7e, angélique.
Octavus, perfectus.	Le 8e, parfait.

DOMINANTES ET FINALES DES HUIT TONS.

Le 1er ton a pour *dominante* LA, et pour *finale* RÉ.

Transposé, *dominante*, MI; *finale* LA; mais cette transposition devient nulle en supposant la *clef* précédente avec le *si bémol*.

Le 2e avec la 2e *clef d'ut* a pour *dominante* UT, et pour *finale* LA.

Avec la *clef de fa*, *dominante* FA, et *finale* RÉ.

Le 3e a pour *dominante* UT, et pour *finale* MI.

Le 4e a pour *dominante* LA, et pour *finale* MI.

Avec la 2e *clef d'ut*, *dominante* RÉ et *finale* LA.

Le 5e a pour *dominante* UT, et pour *finale* FA.

Le 6e a pour *dominante* LA, et pour *finale* FA. La transposition est nulle en maintenant la 1re *clef* avec le *si bémol*.

Le 7e a pour *dominante* RÉ, et pour *finale* SOL.

Le 8e a pour *dominante* UT, et pour *finale* SOL.

Avec la 2e *clef d'ut*, la *dominante* et la *finale* sont comme dans la précédente.

EXERCICES
Sur les huit tons, par ordre numérique.

Avant d'entonner une pièce de chant, outre qu'il est nécessaire d'en connaître le *ton*, puis la *dominante* et la *finale* de ce dernier, un moyen qui ne doit pas être négligé, c'est de faire mentalement un petit prélude qui en rappelle les principales intonations et modulations.

Les pièces de chant suivantes sont précédées de l'un de ces préludes.

EXERCICE SUR LE 1er TON.

EXERCICE SUR LE 2ᵉ TON EN 2ᶜ CLEF D'UT.

PRÉLUDE.

2° Clama- vit omnis po- pulus ad Do- mi- num instan- ti- a mag- na, et hu-mi-li-a-ve- runt a-nimas su- as in je-ju- ni- is et o- ra- ti- o- ni-bus; i- ta ut e- ti- am hi qui of-fe- re- bant Do-mi-no ho-lo- caus- ta, præcinc-ti ci- li- ci- iis of- fer- rent sa-cri-fi-ci- a Do- mi-no; et e- rat ci- nis su- per ca- pi-ta e- o- rum.

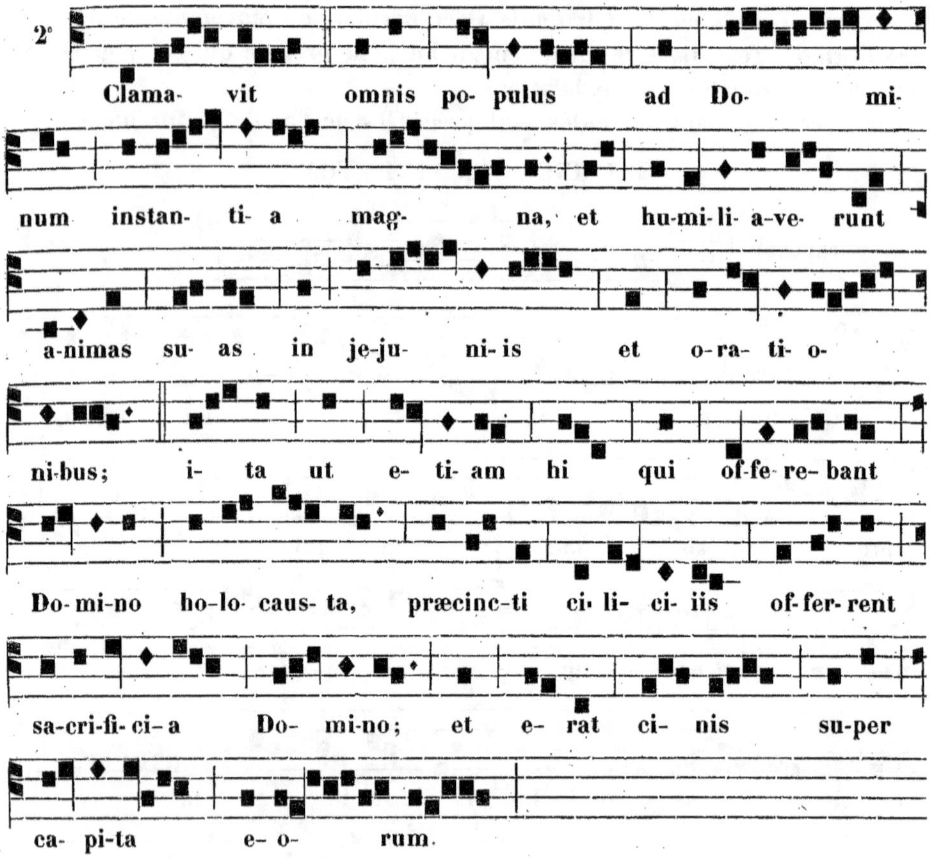

Le 2ᵉ *ton*, comme on l'a vu dans le *tableau* précédent, se trouve sur la 2ᵉ *clef d'ut* et sur celle de *fa* : sur cette dernière, il est en D; sur la première, il est en A.

Les modulations en sont presque semblables. Pour s'en assurer, on pourrait mettre l'une de ces *clefs* à la place de l'autre. Cependant le *si*, qui en descendant est toujours naturel sur la 1ʳᵉ ligne en *clef de fa*, ne pourrait être rendu qu'en faisant *dièze* le *fa* placé sur la même ligne, avec la 2ᵉ *clef d'ut*; parce que de *sol* à *fa* naturel il y a un ton entier, et qu'il n'y en a qu'un demi de *ut* à *si*.

EXERCICE SUR LE 2ᵉ TON EN CLEF DE FA.

PRÉLUDE.

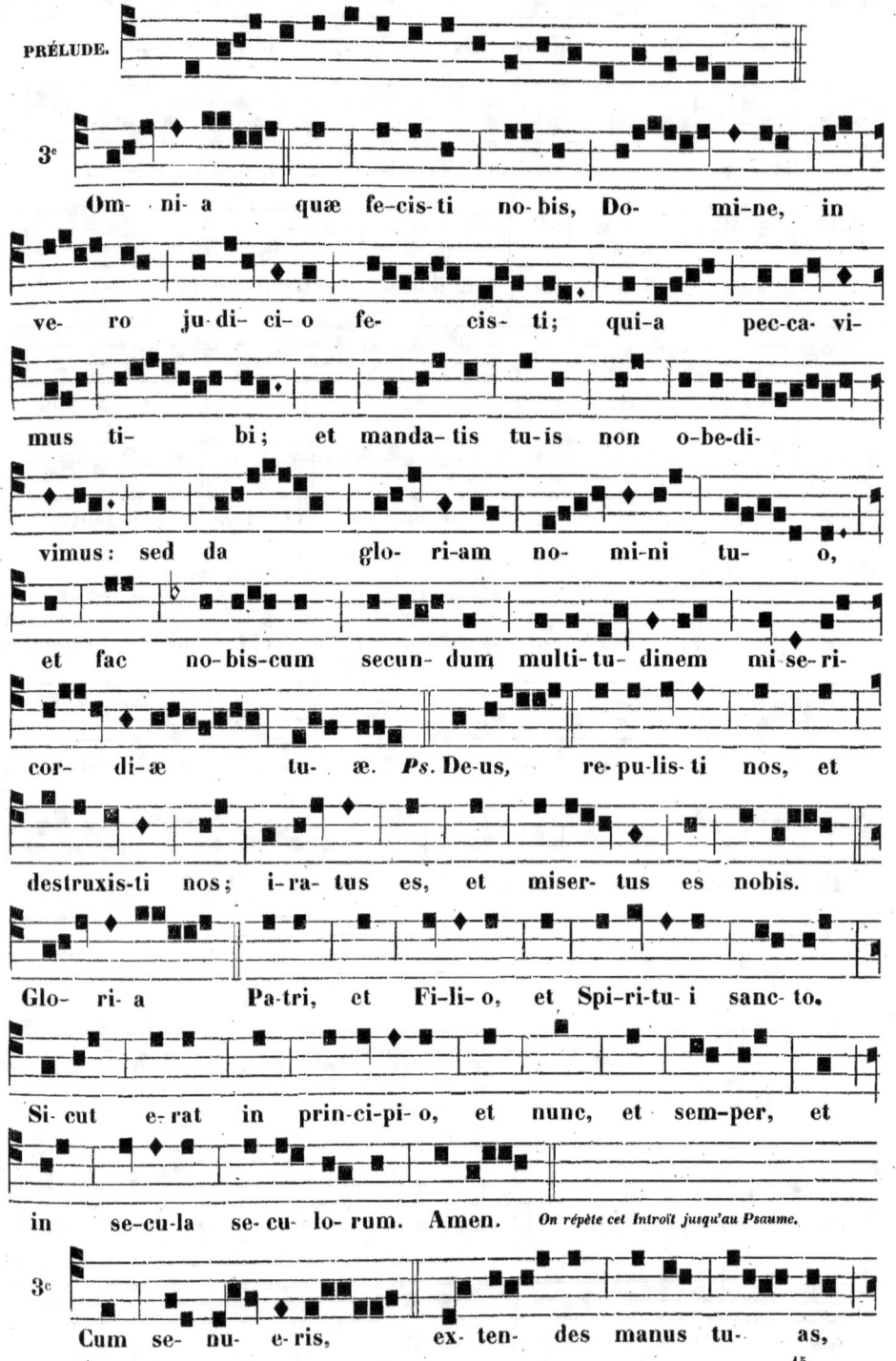

et a- li-us te cin- get, et du- cet quo tu non vis.

Hoc autem di- xit Je- sus Pe- tro, signi- ficans qua mor-

te cla-ri-fi-ca-tu- rus es- set De- um.

EXERCICES SUR LE 4ᵉ TON.

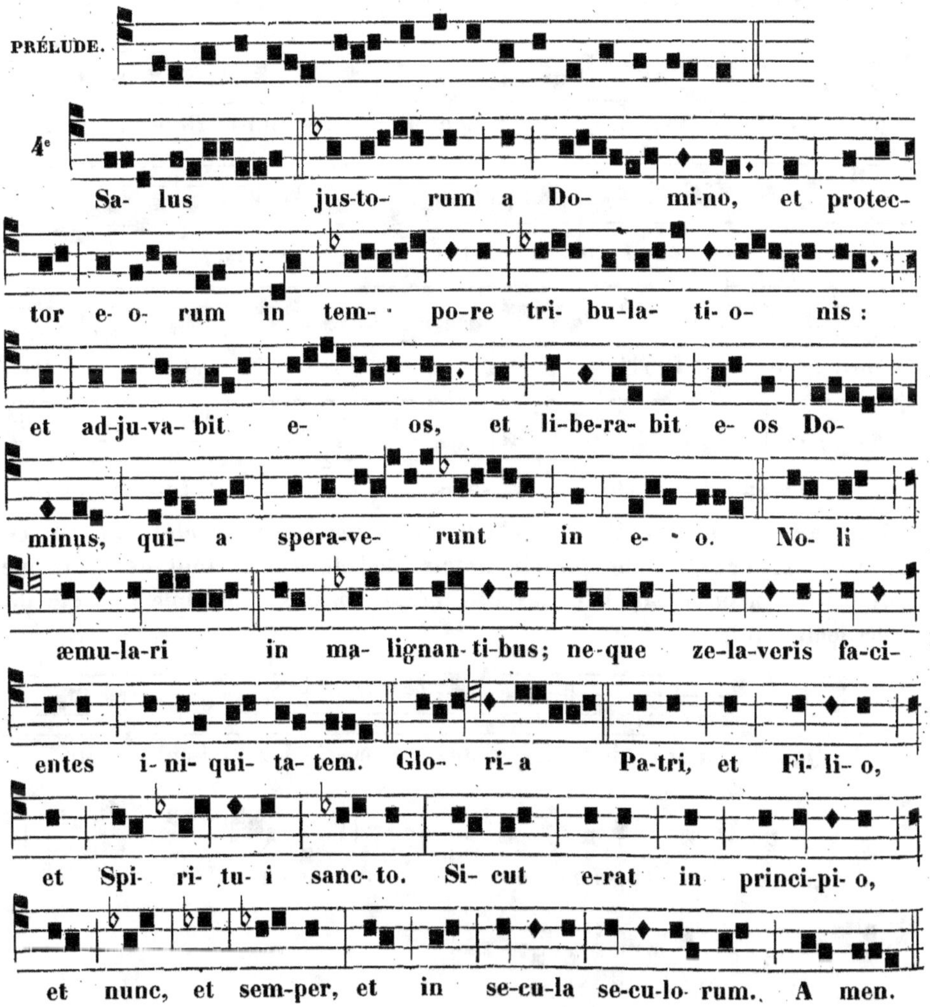

PRÉLUDE.

4ᵉ Sa- lus jus-to- rum a Do- mi-no, et protec-

tor e- o- rum in tem- po-re tri-bu-la-ti-o- nis :

et ad-ju-va-bit e- os, et li-be-ra-bit e- os Do-

minus, qui a spera-ve- runt in e- o. No- li

æmu-la-ri in ma-lignan-ti-bus; ne-que ze-la-veris fa-ci-

entes i-ni-qui-ta-tem. Glo- ri- a Pa-tri, et Fi-li- o,

et Spi- ri-tu-i sanc-to. Si- cut e-rat in princi-pi- o,

et nunc, et sem-per, et in se-cu-la se-cu-lo- rum. A men.

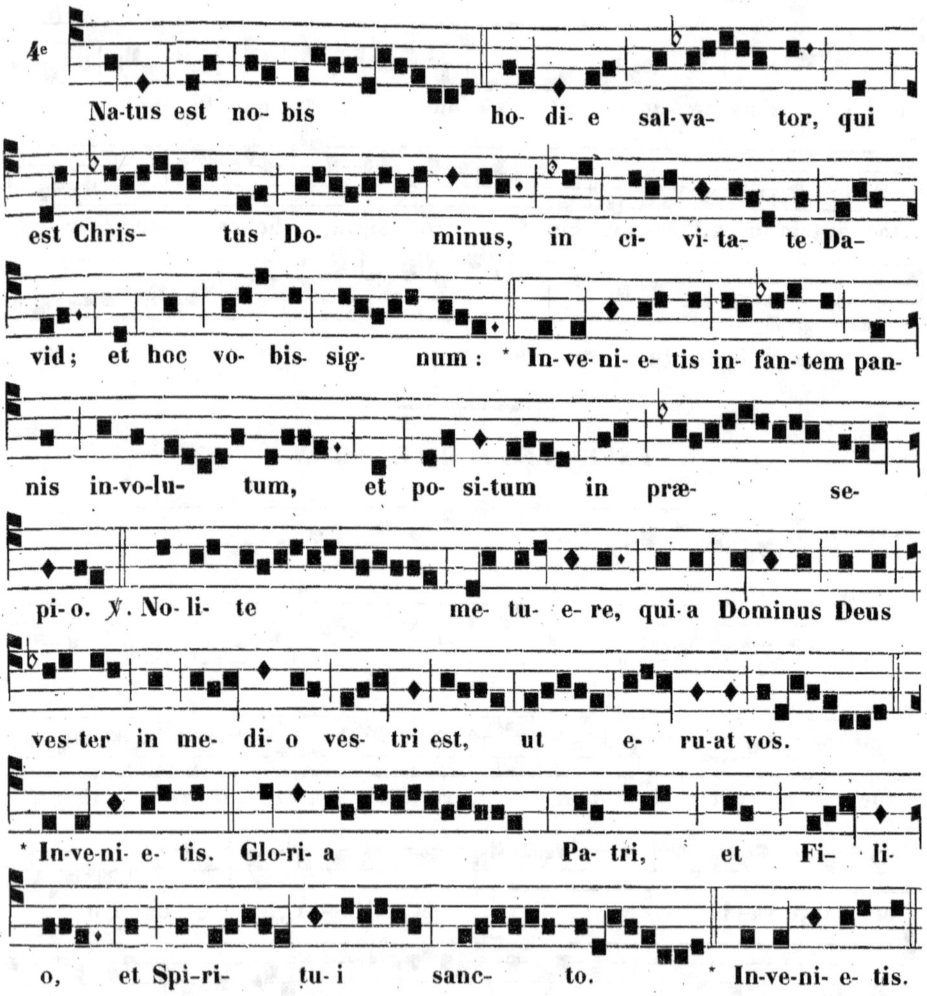

4e Na-tus est no-bis ho-di-e sal-va-tor, qui est Chris- tus Do- minus, in ci-vi-ta-te Da-vid; et hoc vo-bis sig- num : * In-ve-ni-e-tis in-fan-tem pan-nis in-vo-lu- tum, et po-si-tum in præ- se- pi-o. ℣. No-li- te me-tu-e-re, qui-a Dominus Deus ves-ter in me-di-o ves-tri est, ut e-ru-at vos. * In-ve-ni-e-tis. Glo-ri-a Pa-tri, et Fi-li-o, et Spi-ri-tu-i sanc-to. * In-ve-ni-e-tis.

Il n'y a que quelques pièces de chant du 4e *ton* sur la 2e *clef d'ut*. On en trouve aussi sur la 3e, telle que l'invitatoire de l'office de la nuit de Noël, que l'on peut transposer sur la 1re, avec le *bémol continuel*, comme il a été dit précédemment.

4e Qui ha-bitant in de-ser-to, se-cu-ri dor-mi-ent in sal-ti-bus; et po-nam e-os in cir-cu-i-tu col-lis me-i be-ne-dic-ti-o-nem.

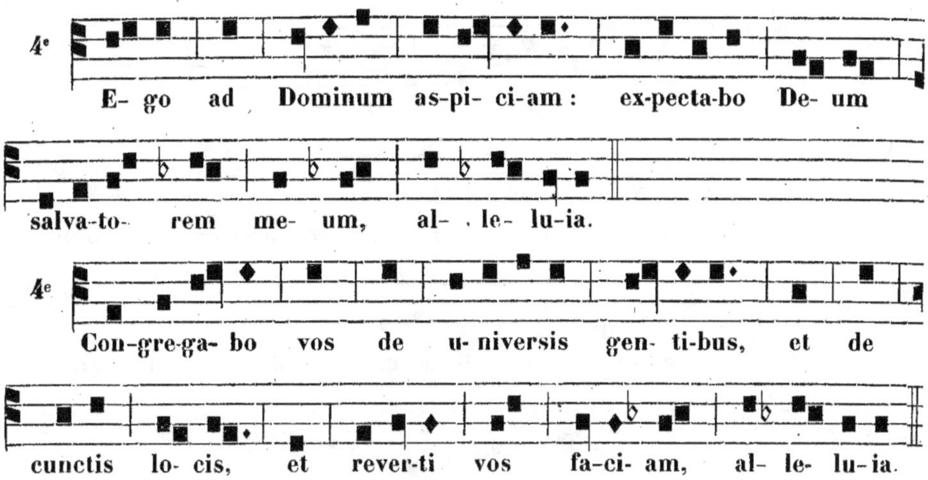

4ᵉ E- go ad Dominum as-pi- ci-am : ex-pecta-bo De- um salva-to- rem me- um, al- le- lu- ia.

4ᵉ Con-gre-ga- bo vos de u- niversis gen- ti-bus, et de cunctis lo- cis, et rever-ti vos fa-ci- am, al- le- lu- ia.

EXERCICES SUR LE 5ᵉ TON.

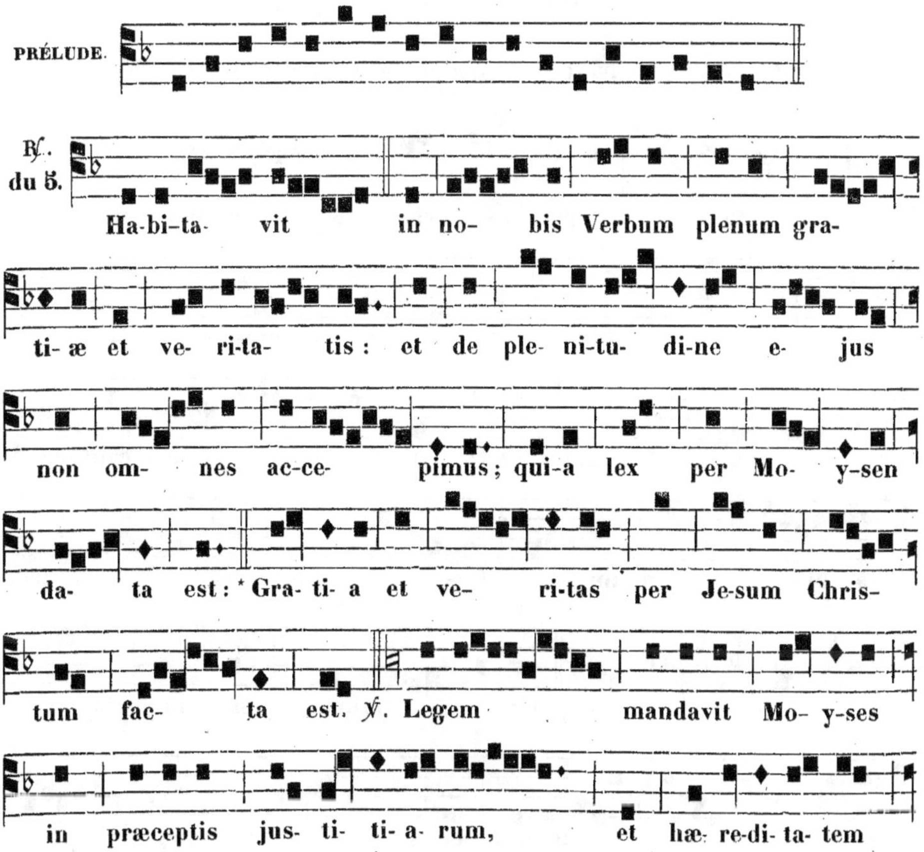

PRÉLUDE.

℟. du 5. Ha- bi-ta- vit in no- bis Verbum plenum gra- ti- æ et ve- ri-ta- tis : et de ple- ni-tu- di-ne e- jus non om- nes ac-ce- pimus ; qui-a lex per Mo- y-sen da- ta est : Gra- ti- a et ve- ri-tas per Je-sum Chris- tum fac- ta est. ℣. Legem mandavit Mo- y-ses in præceptis jus- ti- ti- a- rum, et hæ- re-di- ta- tem

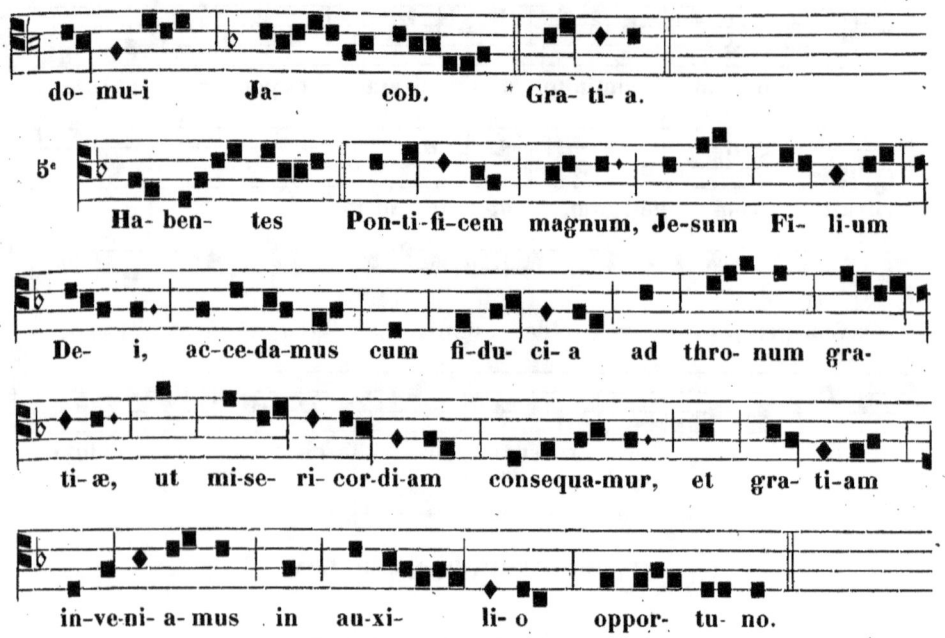

Il y a des pièces de chant du 5e *ton* où le *si bémol* n'est qu'accidentel.

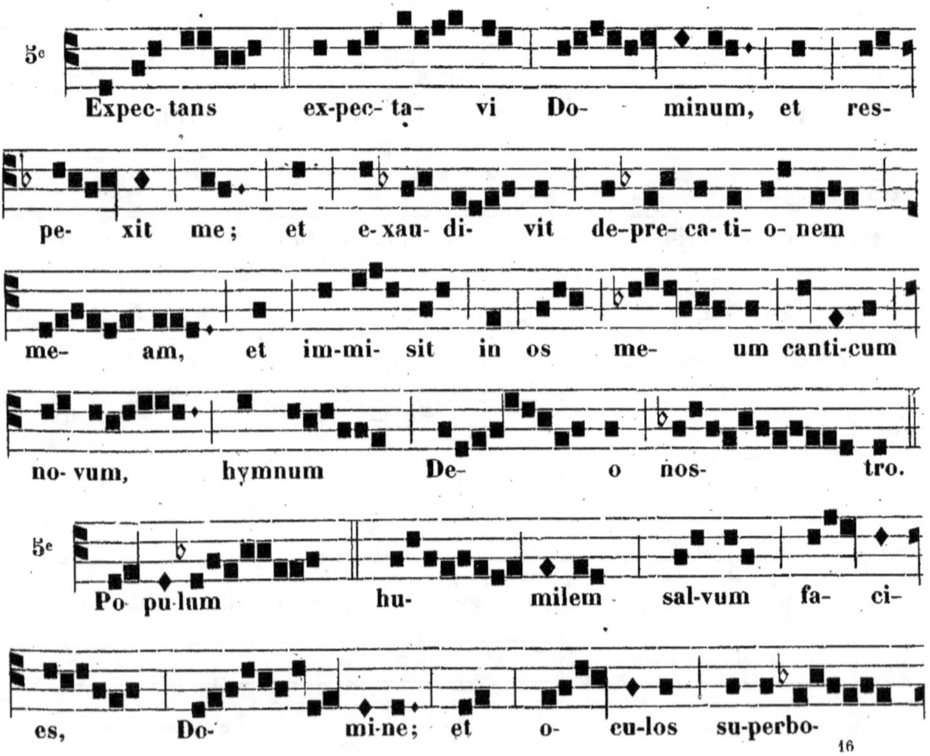

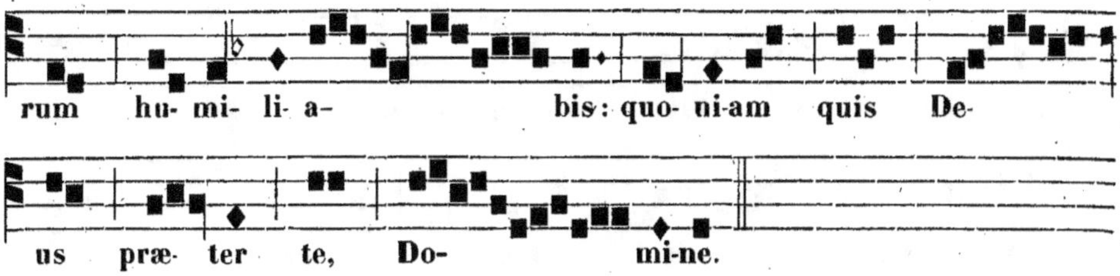

rum hu- mi- li- a- bis: quo- ni-am quis De-
us præ- ter te, Do- mi-ne.

EXERCICES SUR LE 6ᵉ TON.

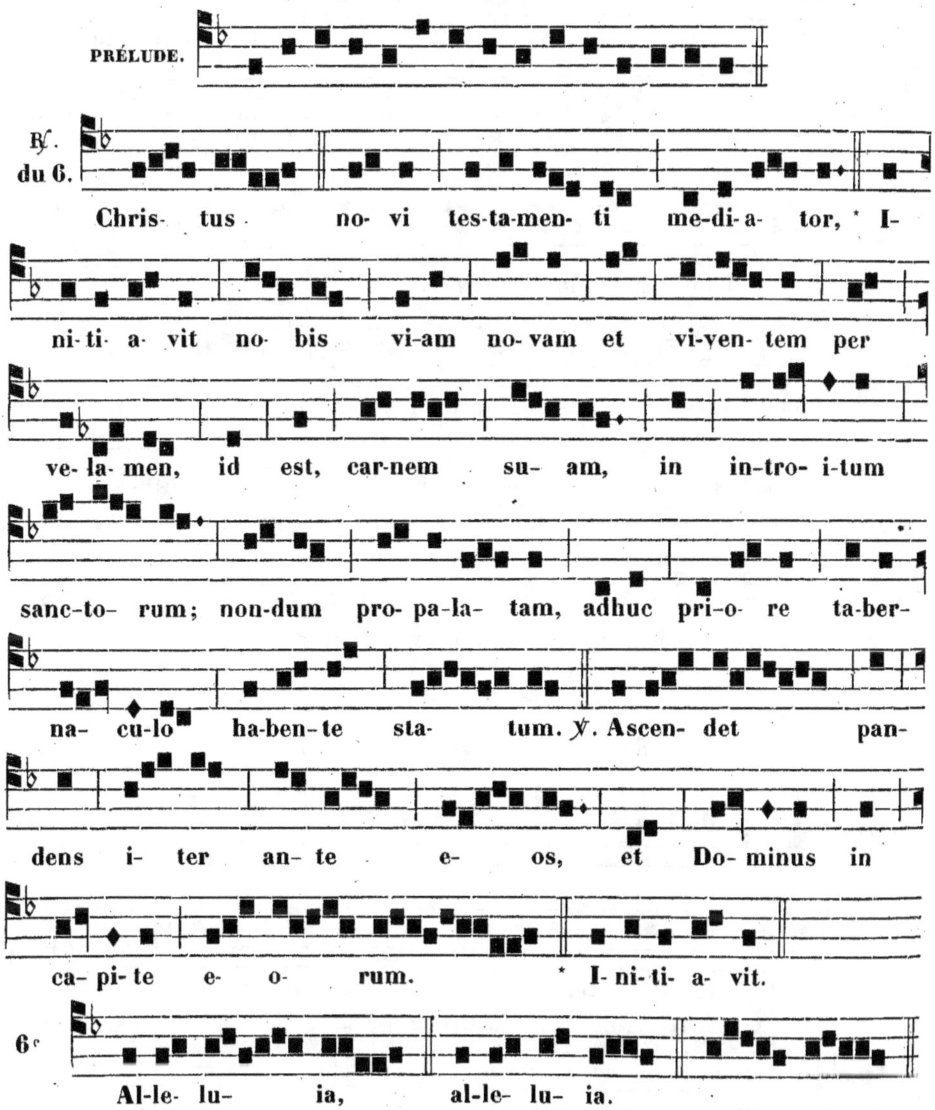

PRÉLUDE.

℟. du 6.
Chris- tus no- vi tes-ta-men- ti me-di- a- tor, I-
ni- ti- a- vit no- bis vi-am no- vam et vi-ven- tem per
ve- la- men, id est, car-nem su- am, in in-tro- i-tum
sanc-to- rum; non-dum pro-pa-la- tam, adhuc pri-o- re ta-ber-
na- cu-lo ha-ben- te sta- tum. ℣. Ascen- det pan-
dens i- ter an- te e- os, et Do- minus in
ca- pi- te e- o- rum. * I- ni- ti- a- vit.

6ᵉ
Al-le- lu- ia, al-le- lu- ia.

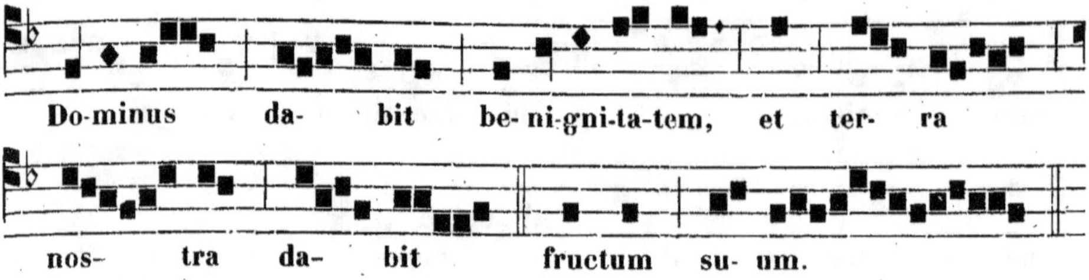

Do-minus da- bit be- ni-gni-ta-tem, et ter- ra nos- tra da- bit fructum su- um.

Plusieurs pièces de chant du 6e *ton* n'ont que le *si bémol* accidentel.

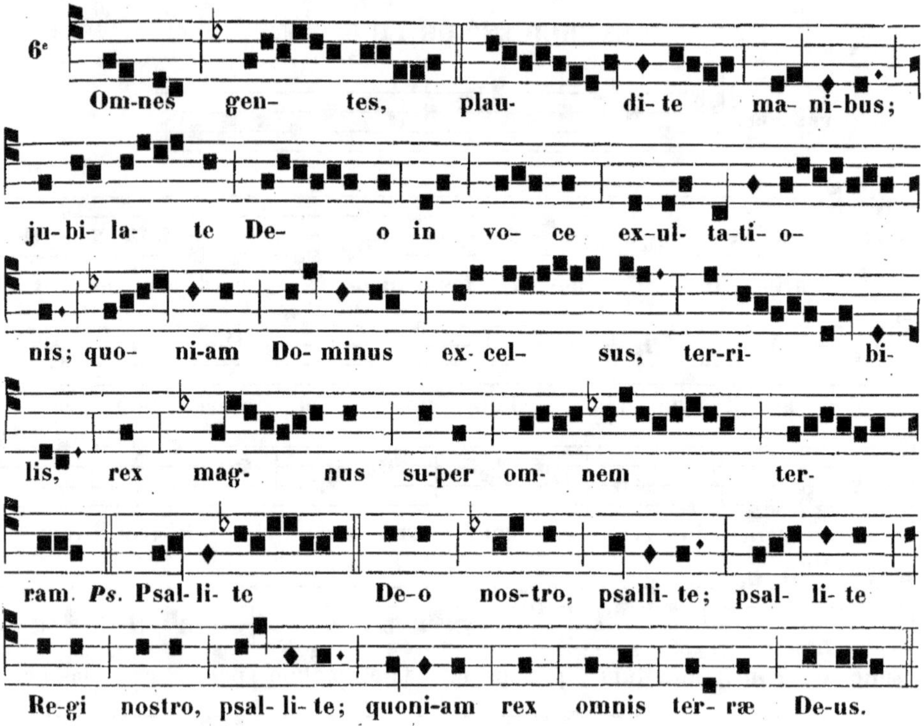

6e Om-nes gen- tes, plau- di-te ma- ni-bus; ju-bi-la- te De- o in vo- ce ex-ul- ta-ti- o- nis; quo- ni-am Do- minus ex- cel- sus, ter-ri- bi- lis, rex mag- nus su-per om- nem ter- ram. *Ps.* Psal- li- te De-o nos-tro, psalli- te; psal- li- te Re-gi nostro, psal-li- te; quoni-am rex omnis ter- ræ De- us.

EXERCICES SUR LE 7e TON.

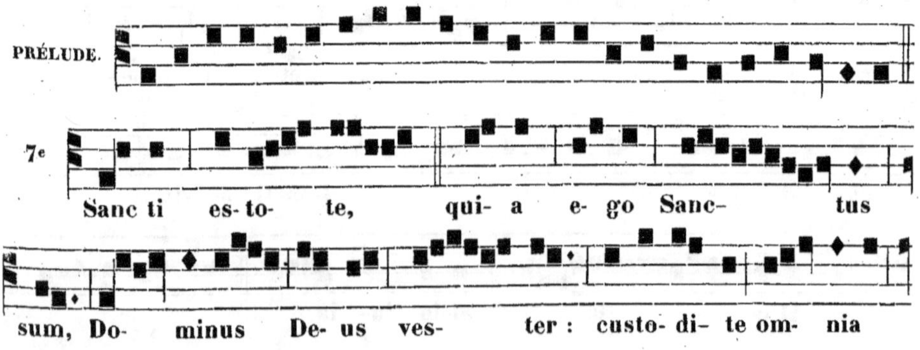

PRÉLUDE.

7e Sanc ti es-to- te, qui- a e- go Sanc- tus sum, Do- minus De- us ves- ter : custo- di- te om- nia

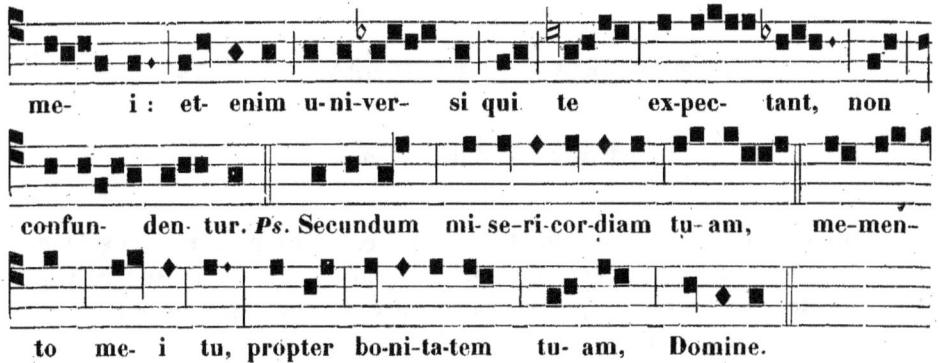

Les modulations, la dominante et la finale du 8ᵉ ton transposé sur la **2ᵉ** *clef d'ut*, sont exactement les mêmes que sur la précédente, excepté qu'elles sont abaissées d'une *tierce*.

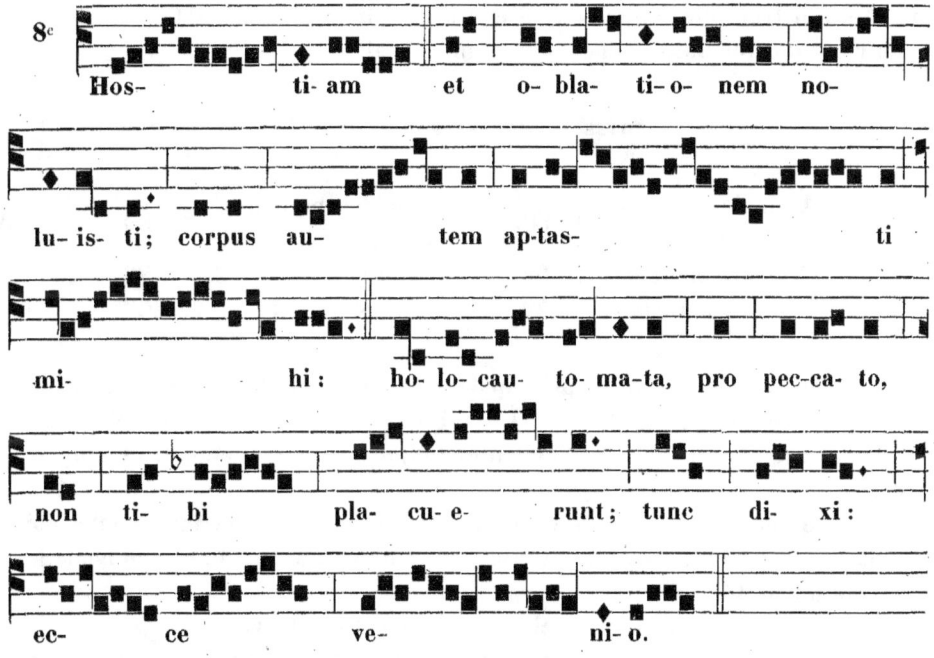

Afin d'exercer de plus en plus les élèves sur les pièces de chant quelles qu'elles soient, on peut maintenant se servir d'un livre liturgique, et continuer ainsi jusqu'à ce qu'ils sachent se diriger seuls.

DE LA MESURE A OBSERVER DANS LE CHANT,

Selon le degré des solennités.

La gravité ou la vitesse du chant doivent être en rapport avec la solennité de la fête dont on célèbre l'office. Tout le monde est d'accord sur ce point. Mais où trouver la règle qui fixe la mesure de cette gravité ou de cette vitesse? on la chercherait en vain : elle n'existe nulle part.

Il serait cependant facile d'en établir une que l'on pourrait suivre, si non exactement, au moins d'une manière assez approximative, pour que chaque degré de fête fût bien distingué.

Ne conviendrait-il pas de prendre pour base l'une des plus petites fractions du temps, une minute, par exemple, et de fixer le nombre des notes à faire durant cet espace selon la solennité? on saurait alors à quoi s'en tenir, et ce serait un métronome auquel on se conformerait le plus possible.

En voici un que nous proposons comme essai :

NOTES A CHANTER PAR MINUTE :

Annuels majeurs …	} 50.	Doubles majeurs….	} 80.
Annuels mineurs …		Doubles mineurs….	
Grands solennels….	60.	Semi-doubles………	90.
Petits solennels …..	70.	Simples …………..	100.

Comme cette mesure n'est principalement que pour les messes, il est essentiel d'observer que la vitesse des semi-doubles et des simples doit cesser à l'offertoire, qu'il est d'usage de chanter toujours solennellement, et ainsi du reste.

Quant aux *proses,* quoique une mesure précipitée leur convienne, elle doit être fixée de 80 à 90 notes par minute : plus de vitesse est une inconvenance dans une solennité.

Les *traits* peuvent aussi être chantés dans cette mesure.

L'office des Morts exige surtout de la gravité, et le moins possible d'éclat dans la voix, pour que chaque modulation soit l'expression de la douleur et de la prière. Ainsi, le mouvement précipité des autres proses ne convient nullement à celle de cet office.

DE LA PSALMODIE.

La psalmodie contient les règles que l'on doit observer dans le chant des psaumes et des cantiques évangéliques, selon différents modes qui appartiennent aux *huit tons* desquels il a été parlé précédemment.

Ces modes, qui se nomment également *tons*, se distinguent par l'*intonation*, la *dominante*, la *médiante* ou *médiation*, et la *terminaison* ou *finale*.

L'*intonation* est une introduction à la *dominante* sur laquelle se chantent la plupart des mots de chaque verset. Elle n'a lieu qu'au commencement des psaumes; et lorsque plusieurs se chantent sur le ton d'une seule antienne, l'*intonation* ne se fait qu'au premier : les autres se continuent à l'unisson de la *dominante*.

La *dominante* est la même que celle du ton de l'antienne qui se chante soit avant, soit seulement après le psaume.

La *médiante* ou *médiation* est une modulation à la fin de laquelle on doit faire un repos, pour marquer la moitié ou la division de chaque verset. La place où ce repos doit avoir lieu est indiquée par un *astérisque*.

La *terminaison* ou *finale* est une autre modulation qui met fin au chant de chaque verset. Elle est sujette à beaucoup de changements; mais ils sont toujours placés en tête des antiennes, dans les Vespéraux et les Antiphonaires.

La *finale* du chant des psaumes est la même que celle de l'antienne, quand le ton de celle-là est en *lettre majuscule*; mais il n'en est pas ainsi lorsqu'elle est en *lettre minuscule*.

Dans les *intonations*, les *médiantes* et les *finales*, il faut observer que les élévations et les inflexions de voix ne doivent jamais avoir lieu sur les *syllabes brèves*, qui ne sont comptées presque pour rien, et dont le chant ne se fait que par une note brève à l'unisson de la syllabe suivante.

EXEMPLE

D'intonation, de médiante et de finale régulières.

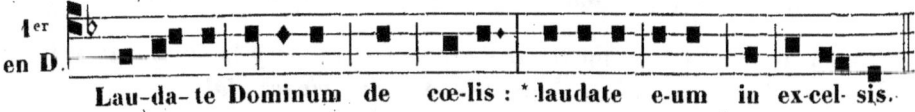

EXEMPLE

D'intonation, de médiante et de finale irrégulières, à cause des syllabes brèves qui s'y trouvent.

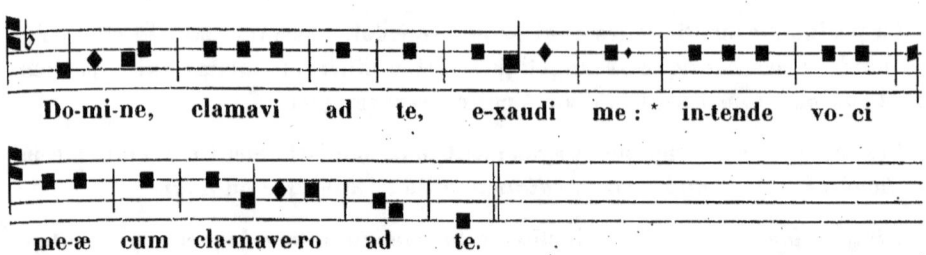

On voit par cet exemple que les syllabes brèves ne sont, pour ainsi dire, comptées pour rien; et que le chant de l'intonation, de la médiante et de la finale où elles se trouvent n'a qu'une note brève de plus que dans le précédent; mais que ce chant n'en est nullement changé.

Quelques exemples encore suffiront pour aplanir cette difficulté.

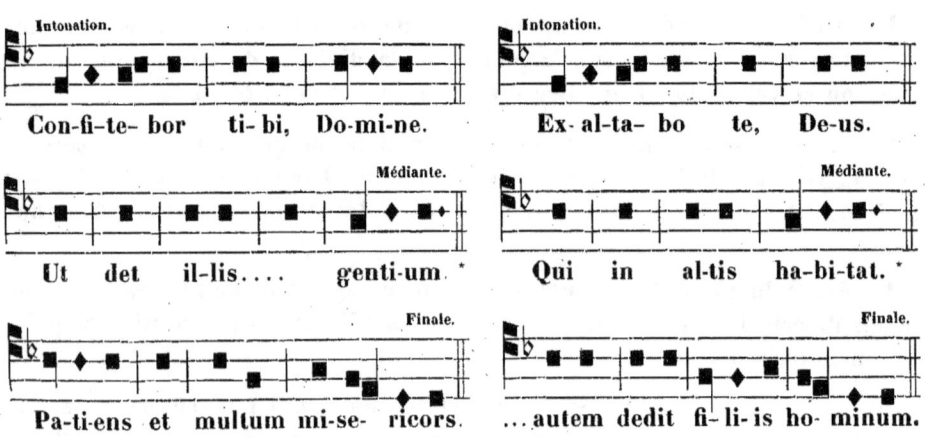

Cette règle est applicable à tous les autres tons, quoique les exemples ci-dessus ne soient que sur le premier.

1ᵉʳ ton en A.

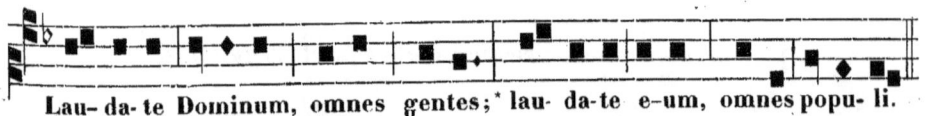

La dernière note de la médiante de ce ton se relève à la dominante, sur un mot *hébreu*, ou *grec*, ou *indéclinable*, et sur un *monosyllabe*.

EXEMPLES :

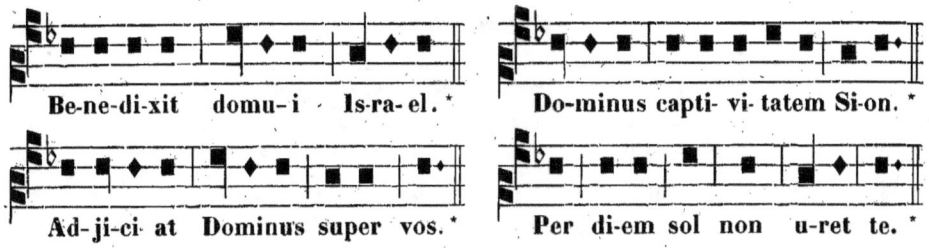

Avec deux monosyllabes, ce relèvement n'a lieu à la fin d'aucune médiante.

EXEMPLE :

En général, les *monosyllabes* et *syllabes brèves* sont nuls dans la psalmodie : ainsi, dans la médiante de ce ton, et dans celles dont il va être parlé, on ne doit pas tenir compte des premiers, si ce n'est pour le relèvement de la note finale.

EXEMPLE :

Outre ce relèvement *accidentel*, il y en a deux, dans ce ton, qui sont *continuels*. Le premier commence la modulation de la médiante, et ne doit jamais être fait sur la dernière syllabe d'un mot, mais sur la pénultième, si elle n'est pas brève; dans le cas contraire, avoir recours à la précédente.

Cependant il y a certains versets où l'on se trouve dans l'alternative de ne pouvoir faire ce relèvement que sur la finale d'un mot, ou sur un monosyllabe : dans ce cas, celui-ci est préférable.

EXEMPLES :

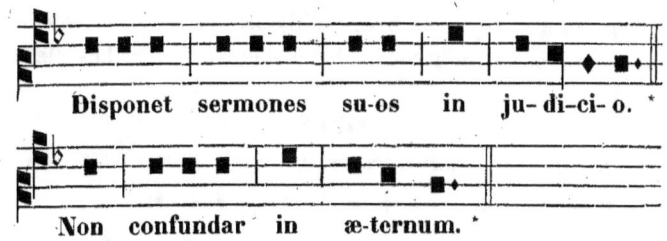

Quant au deuxième relèvement, il se fait avec deux notes sur la *première*

syllabe de la seconde partie du verset, quand cette syllabe est longue, comme on l'a vu précédemment ; et sur deux, quand elle est brève.

EXEMPLES :

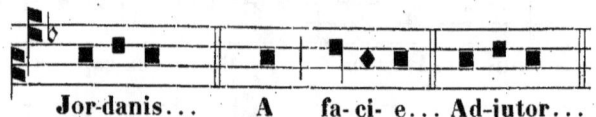

Jor-danis...   A   fa- ci- e... Ad-jutor...

Mais lorsque le premier mot de cette seconde partie est un polysyllabe commençant par une voyelle longue, ce relèvement se fait avec la dominante seule.

EXEMPLES :

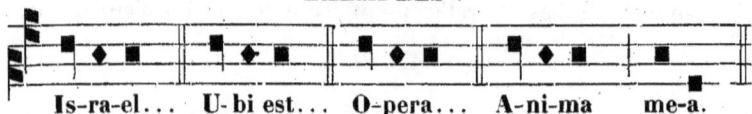

Is-ra-el...   U- bi est...   O-pera...   A-ni-ma   me-a.

DE LA MÉDIANTE DES 3ᵉ ET 7ᵉ TONS.

Dans le 3ᵉ ton, dont un exemple de la médiante régulière est ci-dessous, on doit remarquer que cette médiante se fait avec *quatre syllabes*, non compris les monosyllabes et les syllabes brèves, et que c'est la première qui s'élève d'une note au-dessus de la dominante.

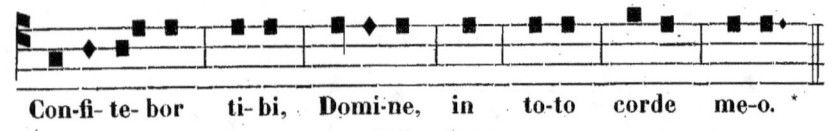

Con-fi- te- bor   ti- bi,   Domi-ne,   in   to-to   corde   me-o.

EXEMPLE

Avec une syllabe brève et un monosyllabe.

Lauda- te   Dominum de   cœ-lis.

AUTRE EXEMPLE :

...in   Ec-cle-si- a   sanctorum.

Quatre syllabes, non compris la brève, suivent après la note au-dessus de la dominante, parce qu'il serait contre les règles d'élever au *ré* la syllabe *si* qui est brève, ou la finale *a*.

EXEMPLE

Où l'on doit faire le relèvement sur un monosyllabe, comme dans le ton précédent.

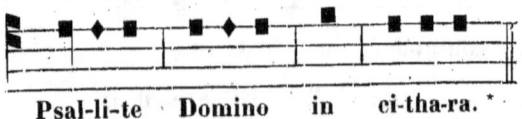

Psal-li-te   Domino   in   ci-tha-ra.

AUTRES EXEMPLES :

...in Domi-no si-cut mons Si-on : * ...mihi magna qui potens est. *

Les observations à faire sur la médiante du 3ᵉ ton sont également applicables à celle du 7ᵉ dont voici un exemple régulier.

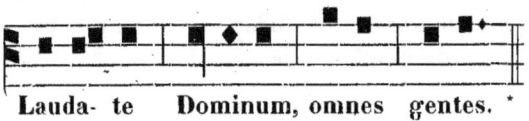

Lauda- te Dominum, omnes gentes. *

Pour ne pas entrer dans des répétitions inutiles, quelques exemples suffiront pour démontrer la manière de faire les irrégularités qui se rencontrent dans cette médiante.

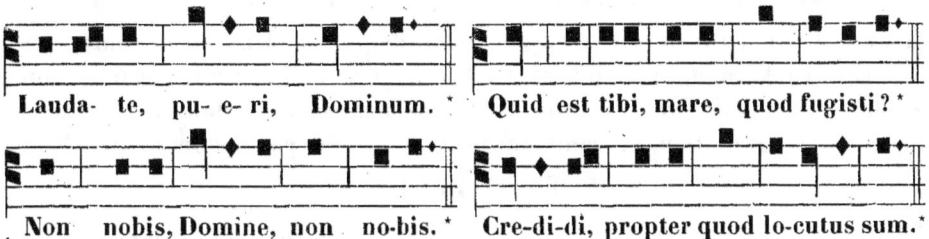

Lauda- te, pu- e- ri, Dominum. * Quid est tibi, mare, quod fugisti ? *

Non nobis, Domine, non no-bis. * Cre-di-di, propter quod lo-cutus sum. *

DE LA MÉDIANTE

Des second, quatrième, cinquième et huitième tons.

Cette médiante se relève régulièrement d'une note au-dessus de la dominante, à la pénultième syllabe, comme dans les exemples suivants :

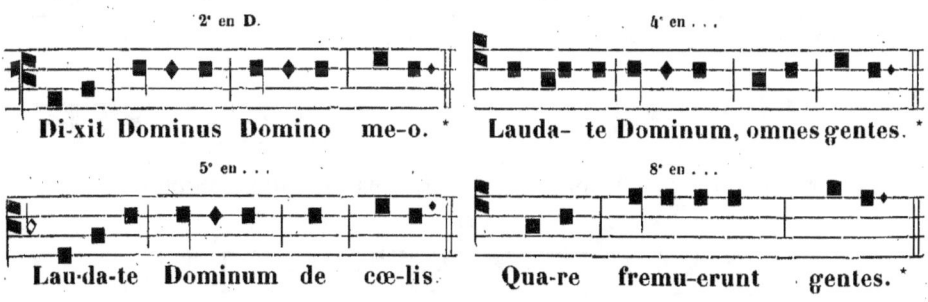

Di-xit Dominus Domino me-o. * Lauda- te Dominum, omnes gentes. *

Lau-da-te Dominum de cœ-lis. Qua-re fremu-erunt gentes. *

Mais quand cette médiante est terminée par un mot *hébreu* ou *grec*, ou *indéclinable*, ou un *monosyllabe*, c'est la dernière note qui s'élève.

EXEMPLES :

Si non propo-su-e-ro Jerusalem. * Memor es-to... fi- li- orum Edom. *

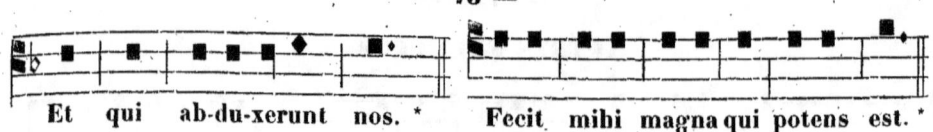

OBSERVATIONS

Sur quelques psaumes dont le premier verset n'a que peu de syllabes dans sa première partie.

Quand le premier verset d'un psaume ou d'un cantique n'a de syllabes que pour l'intonation, la médiante n'a pas lieu, et l'on passe immédiatement à la dominante avec la seconde partie de ce verset.

EXEMPLES :

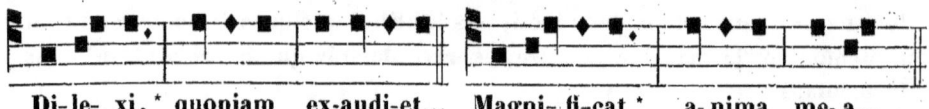

Dans les tons où la médiante est composée de plus de deux notes, comme les 1er, 2e et 4e en A, le 3e, le 6e en C ou *C*, et le 7e, lorsque la première partie d'un premier verset peut suffire à cette médiante *seulement,* on doit la faire sans s'occuper de l'intonation, en commençant tout de suite par la dominante.

EXEMPLES :

OBSERVATION

Sur l'intonation des Cantiques évangéliques.

L'intonation des *Cantiques évangéliques* à lieu seulement au 1er verset, dans les églises où il n'y a pas d'orgues; mais dans celles où il y en a, cette intonation se répète à chaque verset chanté par le chœur.

DURÉE DU REPOS

Après les médiantes et les finales.

La durée de ce repos doit être en rapport avec la mesure du chant, c'est-à-dire de la valeur d'une note carrée.

L'observance en est si nécessaire pour l'ensemble, surtout dans les chœurs nombreux, qu'en l'omettant, la psalmodie n'est qu'un pêle-mêle de mots qui s'entrechoquent, et produisent un effet diamétralement opposé à celui que l'Église se propose, l'édification des fidèles dans la célébration de l'office divin.

Lorsque le chant des psaumes est solennel, il est difficile, dans plusieurs versets, d'atteindre, pour prendre haleine, soit le repos de la médiante, soit celui de la finale, par la quantité de mots qui les précède : on doit alors le faire aux signes les plus importants de la ponctuation.

Il ne faut pas allonger les notes qui terminent ces médiantes et ces finales, pour le plaisir de se faire entendre : on doit, au contraire, les faire brèves, afin de pouvoir reprendre ensemble soit le commencement, soit la seconde partie de chaque verset.

Les choristes étant spécialement chargés de fixer la mesure du chant, chacun doit se guider sur eux, pour éviter toute espèce de cacophonie.

DE L'UNISSON

Des diverses dominantes pour le chant des psaumes.

Dans les églises où le chant est bien dirigé, la psalmodie ne change pas de diapason ; c'est-à-dire que la hauteur de la dominante de chaque psaume est la même pour tous. Ainsi, dans les chœurs qui n'ont que des ténors, cette dominante est à l'unisson du *la* des orgues ; et dans ceux où les basses-tailles dominent et soutiennent le chant, elle est en *sol* ou un ton plus bas.

Que la dominante du chant d'un psaume soit *ut* ou *fa*, comme dans le 2e ton en D, il faut la mettre à l'unisson du *la* ou du *sol* de la 1re clef d'*ut*, et faire de même pour le 7e ton qui a *ré* pour dominante.

C'est d'abord un moyen de ne pas fatiguer ceux qui chantent, et ensuite de ne pas omettre un des points essentiels de la beauté et de la perfection de la psalmodie.

Dans les chœurs où le chant est soutenu et guidé par des serpents ou ophicléides, ce sont ces instruments qui donnent le ton de toutes les intonations. Mais en leur absence, les choristes sont obligés de se guider eux-mêmes. Ils doivent donc s'exercer à maintenir cette dominante dans le même diapason ; car ils ne peuvent être considérés comme capables de diriger un chœur, qu'autant qu'ils ont l'aptitude de passer d'un ton de psaume à un autre, sans détoner, c'est-à-dire en mettant la dominante du suivant à l'unisson de celle du précédent.

L'intonation de *Deus, in adjutorium*, par le célébrant, ainsi que l'imposition de l'antienne avant chaque psaume, devrait être le régulateur du ton de l'office ; mais comme il arrive souvent que l'une ou l'autre s'en éloignent, c'est aux choristes à faire en sorte d'y revenir.

Les voyelles *e, u, o, u, a, e* que l'on voit sous les notes des finales placées en tête de chaque antienne, sont celles qui entrent dans la composition des mots *seculorum. Amen.*

e u o u.   a e.   se-cu-lorum. A- men.

FORMULES DIVERSES DE CHANT RÉCITATIF

Que l'on ne trouve ni dans les Graduels, ni dans les Vespéraux, et qu'il est essentiel de connaître.

Pour commencer les Vêpres, les Laudes, Prime, Tierce, Sexte et None, le célébrant dit, en faisant le signe de la croix :

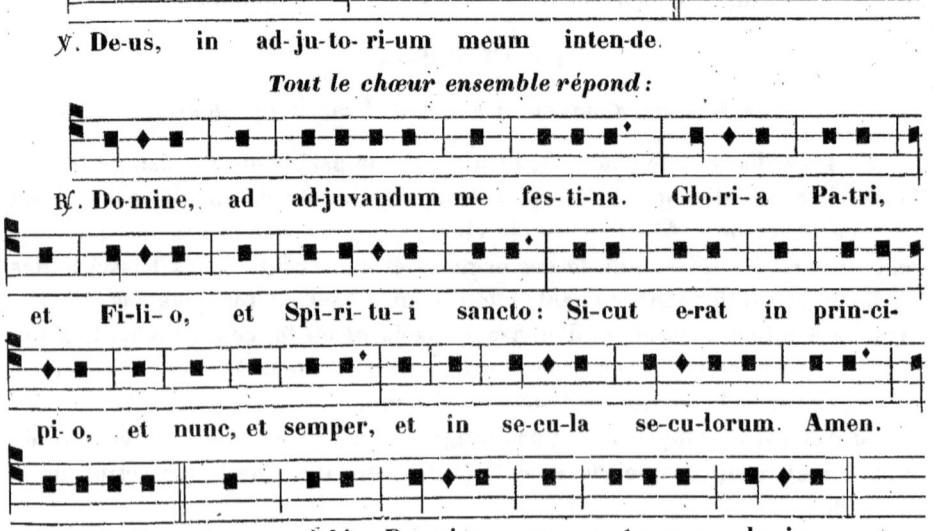

℣. De-us, in ad-ju-to-ri-um meum inten-de.

Tout le chœur ensemble répond :

℟. Do-mine, ad ad-juvandum me fes-ti-na. Glo-ri-a Pa-tri,

et Fi-li-o, et Spi-ri-tu-i sancto: Si-cut e-rat in prin-ci-

pi-o, et nunc, et semper, et in se-cu-la se-cu-lorum. Amen.

Al-le-lu-ia, *ou* Laus ti-bi, Do-mi-ne, rex æter-næ glo-ri-æ.

*Depuis la Septuagésime jusqu'à Pâques, au lieu d'*Alleluia, *on dit :* Laus tibi, Domine, *etc.*

En commençant Complies, le célébrant dit, en faisant une croix avec son pouce sur sa poitrine :

℣. Conver-te nos, De-us, sa-lu-ta-ris noster.

℟. Et averte iram tuam a nobis.

Ensuite, en élevant la voix d'une tierce majeure, le célébrant reprend : Deus, in adjutorium, *etc., que le chœur continue comme ci-dessus.*

Pour commencer Matines, avant Deus, in adjutorium, *le célébrant, en faisant avec son pouce une croix sur ses lèvres, chante sur le ton précédent :*

℣. Domine, labia mea aperies,
℟. Et os meum annuntiabit laudem tuam.

Chant des versets après chaque Nocturne et après l'hymne de Laudes et de Vêpres.

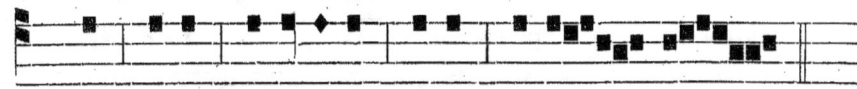

℣. In De-o lau-da-bimur to-ta di- e.

Aux Nocturnes de l'office des trois derniers jours de la Semaine-Sainte, les versets se chantent ainsi :

℣. Tu, Do-mine, mi-se-re-re nostri.

Avant la première des Leçons qui se chantent aux Nocturnes, le célébrant dit :

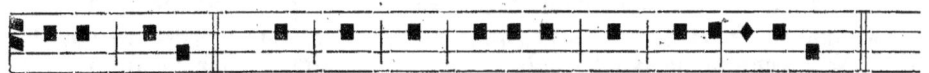

Pater noster... ℣. Et ne nos in-ducas in ten-ta-ti-onem,
℟. .... Sed libera nos a malo.

Chant de l'Absolution.

Le célébrant.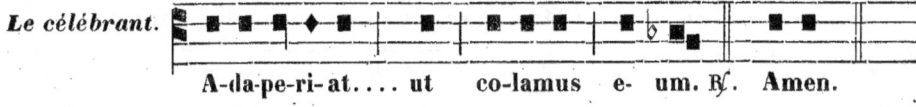

A-da-pe-ri-at.... ut co-lamus e- um. ℟. Amen.

Le lecteur.

Ju-be, Domne, be-ne-di-ce-re.

Chant de la Bénédiction.

Le célébrant.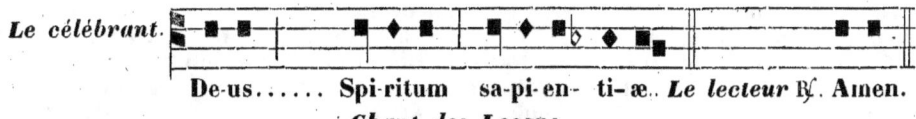

De-us...... Spi-ritum sa-pi-en- ti-æ. *Le lecteur* ℟. Amen.

Chant des Leçons.

La fin des phrases avec le point se termine ainsi :

Conso-la-mi-ni, conso-la-mi-ni, po-pu-le me-us, di-cit De-us vester.

(*Au point-virgule comme à deux points, on fait seulement une pause.*)

Avec un monosyllabe, un mot hébreu, etc., on termine la phrase de cette manière :

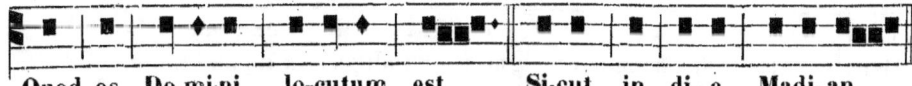

Quod os Do-mi-ni lo-cutum est. Si-cut in di-e Madi-an.

On termine ainsi, avec le point d'interrogation *et celui* d'exclamation :

Quando De-us per Verbum fe-cit om- ni-a? In de-li- ci-is!

On ajoute à la fin de chaque Leçon :

Tu autem, Domine, mi-se-re-re nostri. ℟. De-o gra-ti-as.

Aux Offices où Les leçons se chantent sans benédiction, on ne dit, à la fin, ni Tu autem, *ni* Deo gratias, *et on les termine comme ci contre :*
Avec un monosyllabe, un mot indéclinable, etc., on baisse la voix d'un demi-ton pour revenir à la dominante.

Cus-to-di-vit spi-ri-tum me-um.

CHANT SOLENNEL

De Dominus vobiscum *et des oraisons, à Laudes, à la Messe et à Vêpres.*

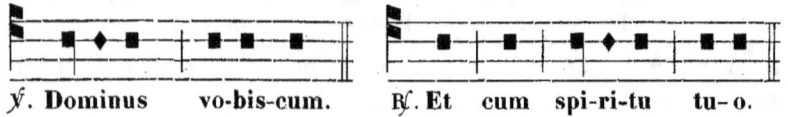

℣. Dominus vo-bis-cum. ℟. Et cum spi-ri-tu tu-o.

Le chant solennel des *oraisons* a lieu sur la même note, et en soutenant la voix sur la pénultième syllabe de la fin de chaque phrase, pour ensuite y faire une pause. La conclusion se chante comme ci-dessous.

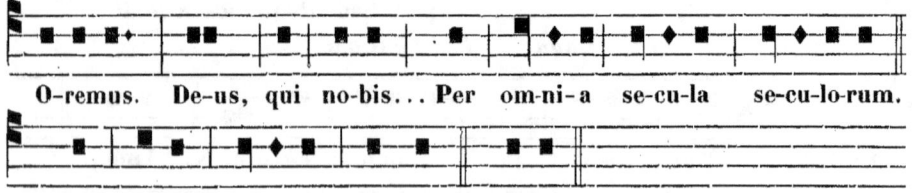

O-remus. De-us, qui no-bis... Per om-ni-a se-cu-la se-cu-lo-rum.

ou Per Christum Dominum nos-trum. ℟. Amen.

CHANT DE L'EPITRE.

Ce chant monte d'une *tierce mineure* au-dessus de sa dominante pour indiquer *un point,* et la syllabe sur laquelle on élève la voix doit être suivie de trois autres, non compris les brèves. Il descend de la même *tierce* pour un *point-virgule* et pour *deux points* ; et la syllabe sur laquelle on fait cette inflexion doit être suivie de quatre autres. Dans le Missel, cette inflexion et cette élévation sont indiquées par un accent circonflexe, retourné pour la première, et naturellement placé pour la seconde. *Le point d'interrogation* et celui *d'exclamation* ont lieu comme dans les Leçons dont il est parlé plus haut.

Pour les Lettres des Apôtres, à la dernière syllabe de *beati,* on fait l'inflexion.

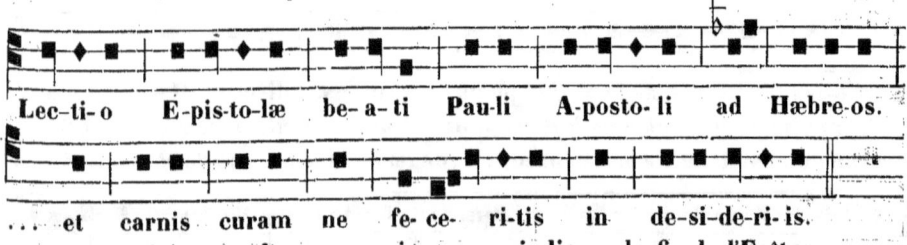

Lec-ti-o E-pis-to-læ be-a-ti Pau-li A-posto-li ad Hæbre-os.

...et carnis curam ne fe-ce- ri-tis in de-si-de-ri-is.

Deux syllabes ont chacune un signe pour indiquer la fin de l'Epître.

CHANT DE L'EVANGILE.

Dans l'Evangile, la fin des phrases qui ont *un point* se fait en baissant d'un demi-ton la pénultième syllabe, si elle n'est pas *brève*, pour remonter à la dominante.

Tout ce qui a été dit sur les autres signes de ponctuation, dans le chant de l'Epître, et sur la manière de le terminer, est applicable à celui de l'Evangile.

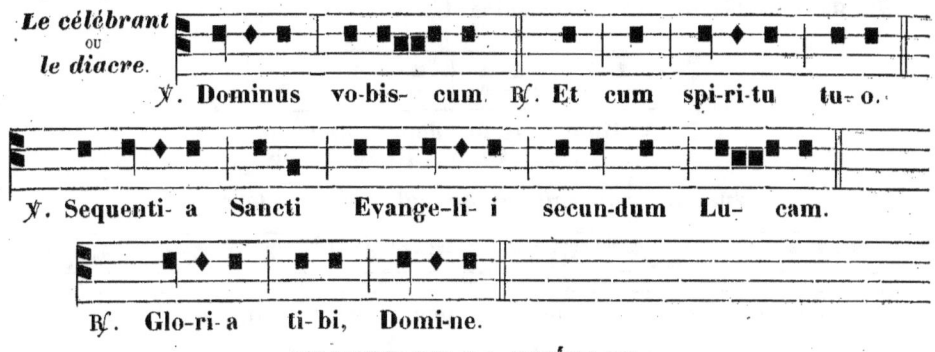

EXORDE DE LA PRÉFACE.

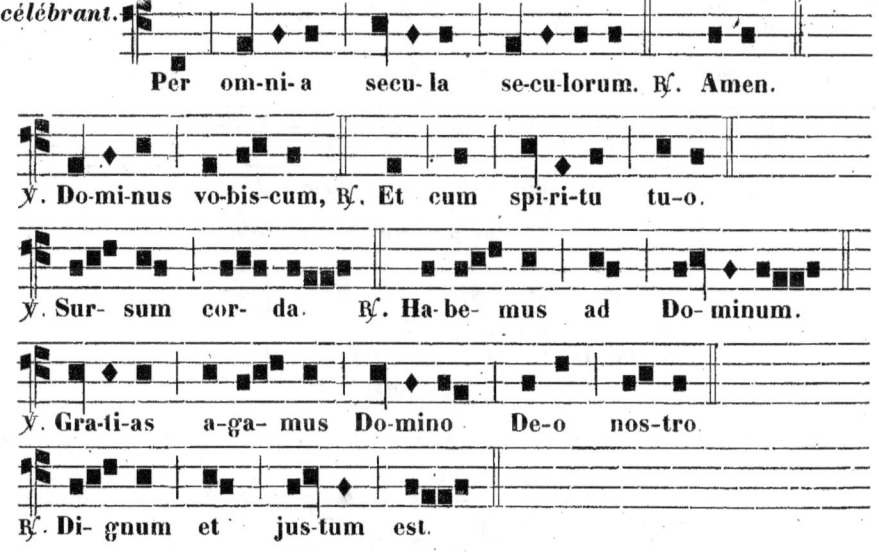

CHANT DU CAPITULE.

Ce chant est un récitatif qui a lieu continuellement sur une même note, excepté que pour terminer il descend d'une *tierce mineure*, avec un mot de plusieurs syllabes. Mais avec un *monosyllabe*, un mot *hébreu, grec*, etc., il se termine en descendant *d'un demi-ton avec une note double*, pour remonter à la dominante.

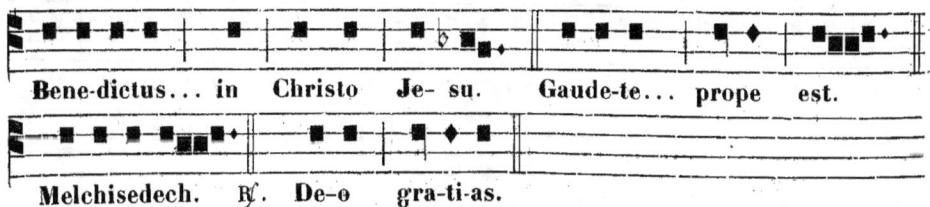

CHANT DES PETITS VERSETS

Qui se disent après les répons et les antiennes au St-Sacrement, à la sainte Vierge, aux mémoires des Saints.

Ce chant se termine régulièrement de la dominante à la tierce mineure; mais avec un *monosyllabe* ou un mot *indéclinable* à la finale du ℣. ou du ℟. il a lieu comme dans les seconds exemples suivants.

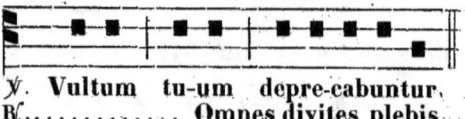

℣. Vultum tu-um depre-cabuntur.
℟........... Omnes divites plebis.

Avec un monosyllabe, un mot indéclinable, etc.

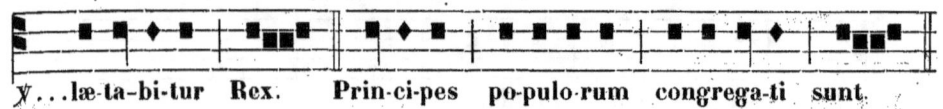

℣...læ-ta-bi-tur Rex. Prin-ci-pes po-pulo-rum congrega-ti sunt.

℣. et ℟. terminés chacun par un mot indéclinable.

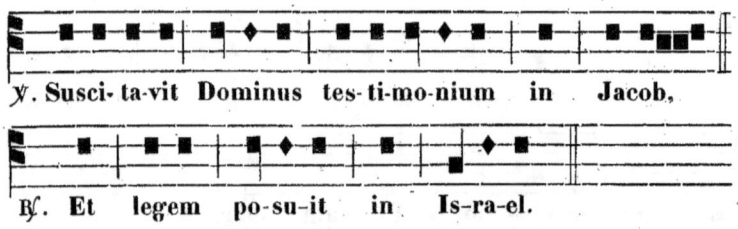

℣. Susci-ta-vit Dominus tes-ti-mo-nium in Jacob,

℟. Et legem po-su-it in Is-ra-el.

℟. terminé par un monosyllabe.

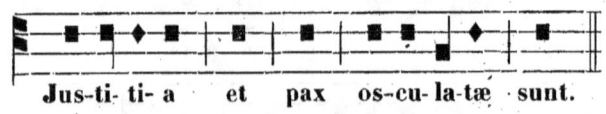

Jus-ti-ti-a et pax os-cu-la-tæ sunt.

CHANT SIMPLE

De Dominus vobiscum et des oraisons, à Complies et aux Petites-Heures.

℣. Dominus vobis-cum; ℟. Et cum spi-ri-tu tu-o.

O-remus. Vi-si-ta, quæsumus, Domine, ha-bi-ta-ti-onem nostram,

...ab e-a longe re-pel-le; An-ge-li... in pa-ce cus-to-di-ant; et

be-ne-dic-ti-o... super nos semper; Per Dominum...Fi-li-um tuum,

— 80 —

Qui te- cum... Spi-ritus Sancti De-us,... se-cu-lorum. ℟. Amen.

Outre la première inflexion, il y en a trois autres dont deux marquent les principales parties de l'oraison, et la troisième la termine. Ces deux inflexions se répètent encore dans la conclusion.

A Complies, après cette oraison, le célébrant dit une seconde fois *Dominus vobiscum* sur le ton précédent ; ensuite, *Benedicamus* comme ci-dessous.

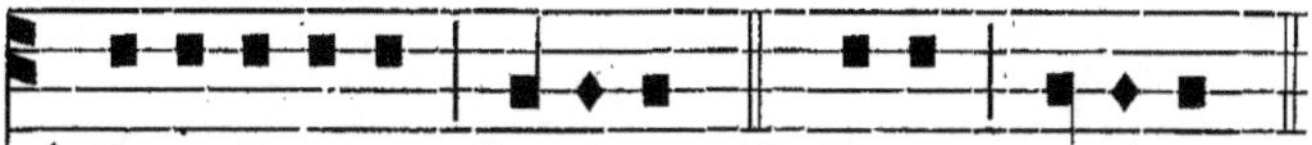

℣. Bene-di-camus Domi-no. ℟. De- o gra-ti-as.

Prenant l'unisson de ces dernières notes, le célébrant ajoute :

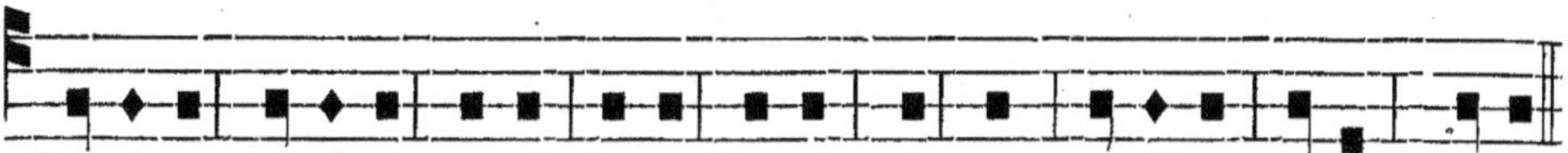

Gra-ti- a Domi-ni nostri Je-su Christi... sit cum om-nibus vobis. ℟. Amen.

A la Bénédiction du SS.-Sacrement.

Le célébrant. ℣. Ad-ju-to-rium nostrum in nomi-ne Domi-ni,
℟. . . . . Qui fecit cœlum et terram.

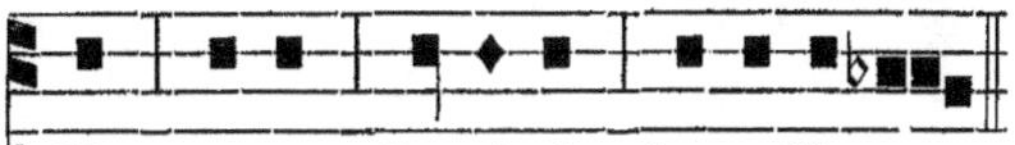

℣. Sit nomen Domi-ni be-ne-dictum,
℟. Ex hoc nunc et usque in seculum.

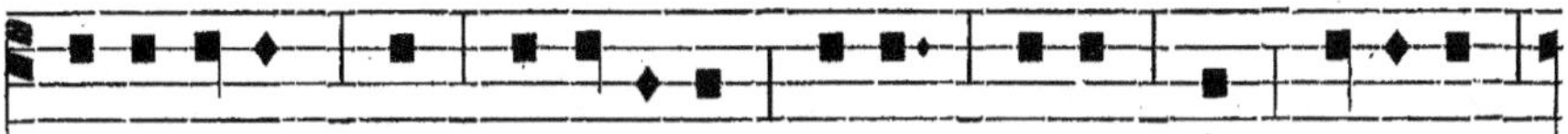

Be-ne-dicat vos omni-potens De-us, Pater, et Fi-li-us,

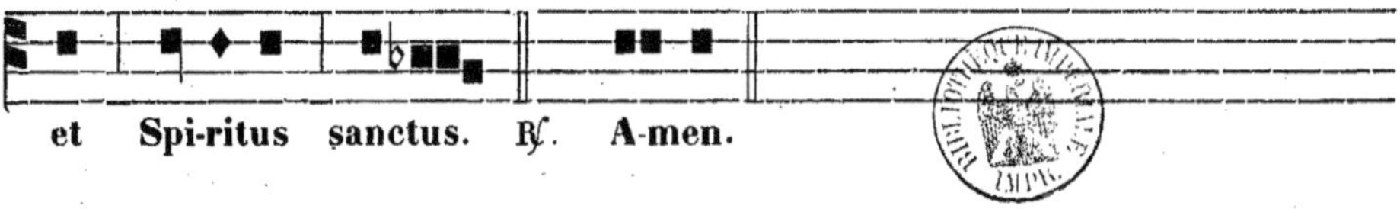

et Spi-ritus sanctus. ℟. A-men.

MAGNIFICATE DOMINUM MECUM.
Ps. 33.

FIN.